실크로드의 고고학

진인진

실크로드의 고고학

초판 1쇄 발행 ㅣ 2016년 9월 30일

옮 긴 이 ㅣ 박천수(朴天秀)
지 은 이 ㅣ 오카우치 미츠자네(岡內三眞) 외
편   집 ㅣ 배원일
발 행 인 ㅣ 김영진
발 행 처 ㅣ 진인진
등   록 ㅣ 제25100-2005-000003호
주   소 ㅣ 경기도 과천시 별양상가 1로 18, 614호(별양동, 과천오피스텔)
전   화 ㅣ 02-507-3077~8
팩   스 ㅣ 02-504-3079
홈페이지 ㅣ http://www.zininzin.co.kr
이 메 일 ㅣ pub@zininzin.co.kr

ⓒ 진인진 2016
ISBN 978-89-6347-306-2 03910

실크로드 3대로

초원로

┃ 1　카자흐스탄 이식(Issyk) 쿠르칸(Kurgan)과 출토 황금인간(朴天秀 촬영)

2 중국 요녕성 북표 풍소불(馮素弗)
묘와 출토 로만글라스(유적: 윤동
진, 유리기: 由水常雄)

▌ 3　이란 케르만샤(Kermanshah) 왕의 길과 비슈툰(Bissotun)비문(朴天秀 촬영)

▌ 4   중국 돈황 월야천(상)과 쿠차 수바시 고성(윤동진 촬영)

▌5 　베트남 옥에오(OcEo)유적과 출토 구슬(박천수 촬영)

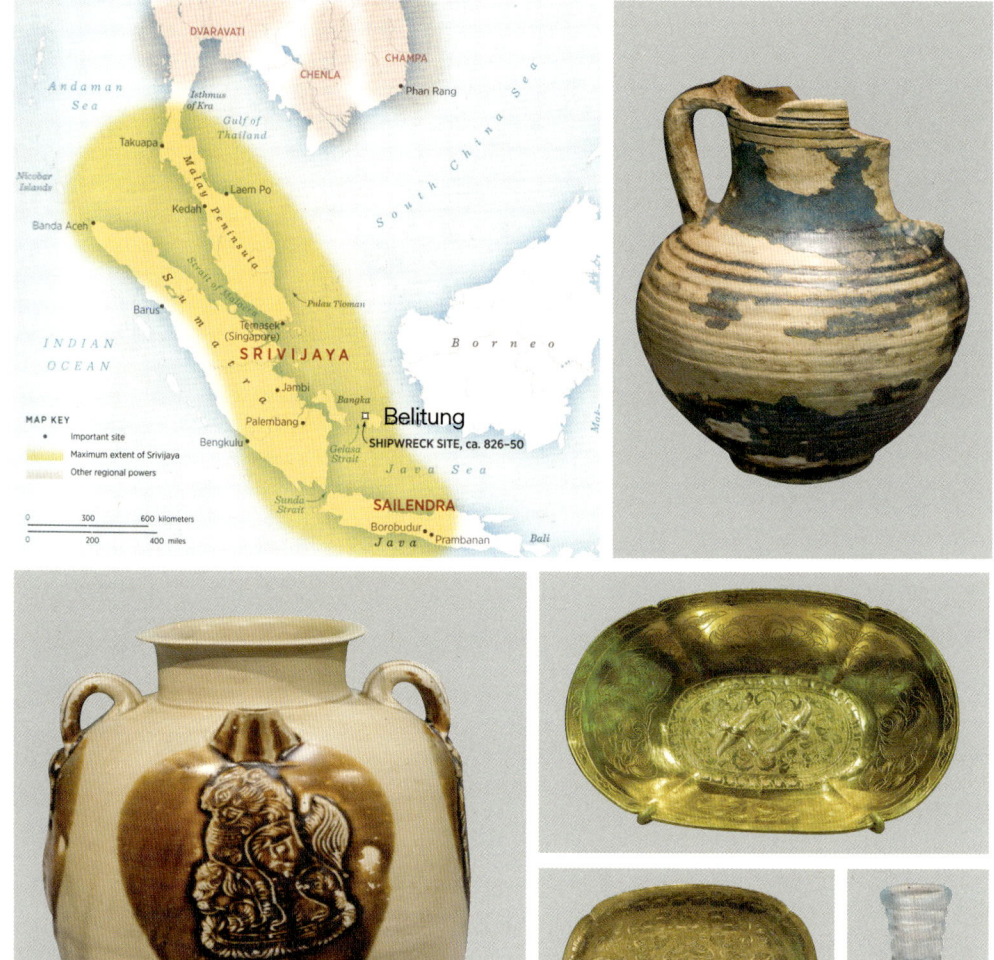

6　인도네시아 벨리퉁(Belitung) 침몰선 발굴지와 출토 당 금제 용기와 장사요 주자, 이슬람 유리기와 도기(朴天秀 촬영)

들어가며

이 책은 실크로드와 관련된 역사를 배우고자 하는 학생과 일반 독자를 위한 책이다. 최신 발굴조사와 새로운 발견, 고고학의 연구 성과를 통하여 실크로드의 특징과 의의, 역사가 어디까지 해명되어 있는지를 밝히고자 한다.

편자는 지금까지 와세다早稻田대학에서 수년에 걸쳐 「실크로드의 고고학」, 「실크로드의 문화재보호」, 「실크로드의 생태고고학」 등의 강의와 연습을 실시해왔다. 그곳에서 언제나 요구된 것은 알기 쉽고 재미있는 교과서의 제공이었다. 또한 학생, 대학원생을 인솔하여 실크로드 조사에 나갈 때마다, 현지 해설용의 팸플릿과 자료집, 안내서 등을 만들어 왔다.

그래서 이번에 새로운 형태의 책 만들기를 지향하였다.

첫째 평이한 문장으로 쓴 실크로드 입문으로서의 역사개설이다. 둘째는 실크로드 현지에서 쓰일 수 있는 안내서이다. 즉 교실에서의 강의와 실크로드 현지에서의 해설과 안내에 도움이 되는 간편한 체제와 내용을 갖춘 교과서의 작성이다.

집필진으로 여러 연구자에게 참가를 의뢰하여 다양한 시점과 생각을 제공받으려고 노력하였다. 게다가 되도록 수강생과 연령차가 적은 젊은 연구자를 지명했다. 필자의 세미나에서 함께 연구한 조수와 조교, 강사가 된 연구자도 많고, 실크로드 조사와 문화재 보호에 동행했던 대학원생에게도 협력을 의뢰하여 다행히도 찬동을 얻었다.

대학원생은 연구자로서의 자각과 시점을 갖추고, 독자적인 의견이나 자설을 가지고 있다. 조수와 강사라면 더욱 그렇다. 그러나 교육용 교과서이므로 문장과 표현, 연대표기는 통일하였지만, 각자의 개성과 문장이 가지는 의미를 잃어버리지 않는 정도로 하였다.

이 책이 실크로드의 학습에 도움이 되고 현지에서의 안내서로서 활용된다면, 집필자 일동에게 이보다 더한 기쁨은 없을 것이다(岡內).

목 차

◀

▮ 1   우즈베키스탄 사마르칸트 구르 아
미르묘(朴天秀 촬영)

▼

▮ 2   우즈베키스탄 사마르칸트 아프라
시압(朴天秀 촬영)

중앙아시아(우즈베키스탄)의 사마르칸트Samarkand는 문명의 교차로로 널리 알려진 동서남북 교류의 요충이었다. BC 4세기의 아케메네스조 페르시아Achaemenid Persia부터 그 이름이 알려져 8세기에 이슬람화되었고 1220년에 몽골의 침략으로 쇠퇴하였다. 14세기에는 티무르Timur가 수도를 건설하여 다시 번영하였다.

구르 아미르Gur-Emir묘는 티무르와 손자 무함마드Muhammad Sultan의 묘소로서 파란색의 돔안은 금박으로 장식되었으며, 특히 조명이 켜지면 야경이 아름답다. 동북교외에 있는 아프라시압Afarasiab언덕은 몽골군에 의해 철저히 파괴당해 폐허로 변한 호라즘Khorazm왕국의 도성지였다. 발굴에 의해 궁전지에서 채색 벽화와 유물이 발견되어 유적 근처의 박물관에 전시되어있다 (1, 2).

투르판吐魯番 야르호트莎車고분군에는 BC 1세기경 차사전국車師前國시대의 수혈토광묘竪穴土壙墓가 있다. 와세다대학 실크로드 조사연구소는 2,000여 기의 묘를 지표조사하고 그 가운데 40기의 무덤을 발굴하여 황금제품, 청동제품, 옥제품 등을 확인하였다. 사진(3-상)은 도굴이 되지 않은 16호묘에서 유물이 출토된 상황이고, 사진(3-하)는 황무지 사막에서의 수혈토광묘 발굴조사 풍경이다.

투르판의 야르호트莎車 차사전국의 수혈토광묘에서 토제의 항아리壺와 접시皿, 철제의 소형칼, 청동제 거울과 동전, 황금 목걸이, 대금구帶金具, 반지, 터키석 상감의 귀걸이 등이 출토되었다. 황금제품에는 북방 초원유목민·스키토사루마트Scytho-Samat의 특징적인 동물문양이 시문되어 있다. 청동제의 성운문경星雲文鏡은 BC 1세기 전한前漢시대의 화장化粧도구이다. 「오수五銖」라는 한자를 주조한 방공원전方孔圓錢은 전한의 무제武帝가 주조한 삼관전三官錢으로, BC 130년 처음으로 주조鑄造되었다. 연호가 분명한 중국유물로 불확실했던 차사전국시대 무덤의 연대가 처음으로 명확하게 밝혀졌다(3, 4).

중국 실크로드의 대표적인 출발점은 옛 수도인 장안西安이다. 시황제始皇

▌ 3　중국 투르판 야흐르트고분군 발굴 상황(岡內三眞 제공)

帝의 함양궁咸陽宮에서 시작되어 전한前漢과 당唐대에는 특히 번영하여 실크로드 교류도 활발했다. 장안은 조방제条坊制로 동서 남북 10km 서쪽은 격자格子상으로 정연하게 구획되었으며, 도로는 사통팔달四通八達하고 운하망運河網을 통하여 강남江南과 연결되어 교역交易이 번성했다. 당唐 현종玄宗황제의 8세기 대에는 최고 전성기를 맞이했고, 외국의 상객商客도 다수 정주定住하였으며 인구는 100만명에 달했다고 한다. 도교道教의 도관道觀과 유교儒教의 성

▌ 4 　중국 투르판 야흐르트고분군 출토유물(岡內三眞 제공)

당聖堂, 불교사원佛敎寺院·전탑塼塔이 건설되고, 조로아스터교 사원, 마니교, 경교사원景敎寺院 등의 종교시설도 건설되었다. 서역西域의 상점과 주방酒房이 생기고, 이국적인 의복이나 음악, 무용이 유행하는 등 번영을 구가하였다.

I

총론
Silk Road Archaeology

실크로드학 입문

실크로드의 사람과 자연

중앙아시아의 사막과 오아시스를 지나는 실크로드에는 크게 나누어 세 개의 길이 있다.

돈황敦煌에서 사막으로 빠져서 천산天山산맥의 북쪽을 동서로 달리는 「천산북로天山北路」, 천산산맥 남록으로 타클라마칸사막Taklamakan, 塔克拉瑪干沙漠 남록의 오아시스를 따라가는 「천산남로天山南路」, 곤륜崑崙산맥 북록에서 타클라마칸사막 남록을 동서로 지나는 「서역남도西域南道」가 있다.

타림Tarim분지는 북쪽의 알타이Altai산맥, 중앙의 천산산맥, 남쪽의 곤륜산맥으로 나뉜다. 산맥의 사이에는 대초원지대와 사막에 둘러싸였던 오아시스, 파미르Pamir, 티베트의 고원이 있고 남북 종단의 길이 지난다.

대초원지대는 북극해北極海의 바람이 비와 눈을 가져오고, 냉량습윤冷凉濕潤한 기후가운데 풀을 찾아 말과 양 등의 가축과 함께 이동하는 유목민遊牧民의 세계가 펼쳐진다. 그리고 만약 가뭄과 냉해, 설해나 병으로 가축이 전멸할 경우에는 말을 타고 농경취락이나 도시를 약탈하는 기마 전투 군단이 일찍부터 발달했다.

이들의 후예後裔는 주로 「천산북로」 이북의 카자흐스탄 평원과 준가르准噶爾분지, 몽골고원에서 지금도 유목생활을 하고 있다.

오아시스에서는 좁은 농지를 일구며 보리나 채소, 과수果樹 등을 재배하고 있다. 각각의 지역에서 생산된 곡물이나 과수, 유제품, 공예품 등은 자신들이 소비하는 것 외에는 동서남북의 길을 따라, 실크로드의 교역상품으로도 이용되었다.

사막에 둘러싸인 오아시스는 천산天山과 곤륜산맥崑崙에 내린 눈과 비가 생명줄이며 만년설이나 빙하가 녹은 물을 이용한 농경과 목축이 행해지고 있다. 물은 우선 사람들이나 가축의 음료수로 사용되고, 두 번째로 생활용수나 수차水車를 돌리는 동력이 되어 밭이나 과수원의 작물을 윤택하게 한다. 또 포플러peupliers 가로수나 호양나무胡楊树, Toghraq를 기르며 목초지에 흘러내려가 마지막으로 풀이 나는 황무지나 사막에서 사라진다.

오아시스의 역사에서는 마지막 한 방울까지 물을 소중히 여기는 사람들의 생활의 지혜를 알 수 있다.

실크로드의 동식물

빙하와 산, 강, 호수, 초원, 사막 등 다양한 자연을 가진 실크로드는 많은 야생식물과 야생동물, 재배식물과 가축을 기르고, 오래전부터 교역을 통하여 동식물이 동서남북으로 옮겨졌다.

천산산맥의 북방, 초원길의 서쪽에서 동쪽으로 전해진 가축은 말, 염소, 양이 있고 그들의 먹이인 개자리(클로버)와 밀, 호밀 등의 재배 식물이 함께 운반되었다.

사막과 오아시스의 길을 이동한 중요한 가축은 낙타(도1-1-1, 2), 당나귀, 소 등이다. 재배식물에는 보리, 귀리, 마늘, 마 등이 있고 메론과 같은 종류인 박 과科나 수박, 오이 등은 서역에서, 시금치는 페르시아에서 전래되었다. 고수풀이나 회향fennel 등의 향신료, 포도, 석류, 호두, 아몬드 등도 아프리카와 지중해, 서아시아에서 오아시스 길을 경유하여 중국이나 일본에 전해졌다.

■ 도1-1-1 　실크로드 상의 낙타(加藤九祚 제공)

■ 도1-1-2 　당 삼채 낙타(愛知縣立博物館소장품, 朴天秀 촬영)

바닷길을 통하여 이동된 가축과 재배식물은 고대에는 돼지, 닭, 토란, 곤약, 조롱박 등이 있다. 15세기 대항해시대 이후에는 남북 아메리카산의 호박, 감자, 고구마, 해바라기, 옥수수, 고추, 담배 등이 먼저 유럽에 이입된 후 아시아에는 주로 바다의 실크로드를 경유하여 전해졌다.

한편 동쪽에서부터 서쪽으로 운반된 재배식물에는 벼, 조, 수수, 콩, 파, 차, 뽕, 감, 밀감이 있고 동물은 말과 견직물에서 뺄 수 없는 곤충인 누에도 포함되어있다.

인간에 의해 많은 가축이나 재배식물이 의도적으로 운반되었으며, 또 의도하지 않은 부수적 산물로 야생식물과 야생동물이 실크로드를 통해 동서남북으로 전해졌다.

그 외에 오아시스길에는 특이한 야생식물과 동물도 수없이 많이 남아있다. 야생식물은 건조한 날씨에 강한 사막 특유의 종이 많고, 동물에게 먹히지 않도록 가시를 가진 낙타풀이나 자산감刺山柑, 소금풀, 마황麻黃 등이 지면에서 자란다. 중앙아시아의 사막을 빛내는 대표 식물로는 핑크색의 작은 꽃을 가진 타마리스크Tamarisk가 있다. 그리고 모래에 묻혀 그대로 건조된 채 100년 이상 산 호양나무는 사막의 대표적인 나무이다. 도로나 카나트Qanat를 따라서 심어진 가로수는 미루나무와 느릅나무, 플라타너스가 많고, 오아시스의 점과 점을 연결하는 선이 되어 유럽까지 나란히 늘어서있다. 천산산맥에 오르면 천산운삼天山雲杉 등의 침엽수로 바뀌며 높은 곳에서는 한방약漢方藥인 구기자나 설련雪蓮이 자라고, 그 위에서는 찬바람이 불며 선태류蘚苔類가 지면을 덮고 있다(岡內).

| 낙타풀(Camelthorn)과 타마리스크(Tamarisk) |

실크로드의 오아시스길은 그 여정의 대부분이 사막지대를 지나고 있다. 수분이 부족한 사막에서도 억센 식물이 자라고 있지만, 가장 눈에 띄는 것은 낙타풀과 타마리스크이다.

낙타풀은 콩과科의 관목灌木으로 이란에서 중국, 러시아까지 중앙아시아의 건조지대에 폭넓게 분포한다. 핑크색의 작은 꽃이 피며, 줄기에는 날카롭고 긴 가시가 있어 그 이름처럼 낙타만이 먹고, 양 등의 다른 동물은 먹을 수 없다. 낙타는 입 안에 가시가 찔려도 자신들의 피와 함께 씹어 먹어버린다고 한다.

타마리스크는 위성류渭城柳과의 관목으로 건조와 고온, 모래의 이동에 강하며 내염성耐鹽性을 가진 식물이다. 2005년 5월 초순 타클라마칸사막을 남북으로 종단縱斷하는 사막공로砂漠公路를 지나갈 때 도로를 따라서 녹화綠化에 이용되는 진한 핑크색의 꽃이 피어있었다. 녹화는 타림강Tarim River의 물을 퍼 올려 연도沿道에 긴 튜브로 심어진 타마리스크에 물을 보낸다. 「점적관개点滴灌漑」의 방법으로 행해지고 있다. 황색 사막의 가운데 검은 아스팔트 도로의 양측에 타마리스크의 녹색 띠가 끝없이 이어져있다(米澤).

실크로드의 역사

실크로드의 여명(黎明)

실크로드를 통한 본격적인 교역은 전한前漢 무제武帝에 의한 장건張騫의 서역 파견을 시작으로 한다. 서역 진출을 계기로 그때까지 미지의 세계였던 서역에 관한 지식이 한漢에 전해졌다. 역사 기록으로『사기史記』「대완열전大宛列傳」이나『한서漢書』「장건張騫・이광리전李廣利 전」에 구체적인 서역의 양상이 기록되어 있다.

그러나 장건의 파견을 계기로 실크로드를 통한 문물이나 사상의 교류가 갑자기 개시된 것은 아니다. 서역으로 불렸던 지역에는 이전부터 실크로드의 바탕이 된 각 지역의 사람이나 문물의 이동이 있었다. 여기서는 장건의 실크로드 이전의 서역의 양상을 중국의 신강위구르자치구新疆維吾爾自治區 소하묘小河墓유적과 러시아의 파지리크Pazyryk고분군의 예를 소개하고자 한다.

신강위구르자치구(新疆維吾爾自治區) 소하묘(小河墓)유적

소하묘유적은 신강위구르자치구新疆維吾爾自治區 로프노르Lop Nor지구의 공작하孔雀河 하류에 위치한다. 연대는 BC 2천년대 전반으로 추정된다. 사막이라는 건조한 지리적 요인으로 출토 유물의 보존상태가 아주 양호하였다. 피장

자의 머리카락과 피부가
분명하게 남아 있었으며,
인류학적 분석으로 코카
소이드(백인종)로 확인되
었다. 대량의 출토 유물
중 주목을 끈 것은 밀과
옥玉제품이다.

밀은 피장자가 몸에
걸쳤던 망토 끝자락을 주
머니로 꿰맨 부분과 식물
로 짠 소형의 주머니에서
출토되었다. 재배밀의 기
원지는 서아시아인데서

■ 도1-2-1 호탄의 옥(岡內三眞 제공)

소하묘유적 출토 밀은 서방과의 관계를 보여준다.

또한 장식품으로서 피장자의 근처에서 옥제품이 출토되었다. 옥제품의 원
재료는 소하묘유적 부근에서 보이지 않으며, 타클라마칸사막 남연南緣으로 이
어지는 곤륜산맥崑崙山脈에서 생산된다(도1-2-1). 하남성河南省 은허殷墟의 옥
제품도 곤륜산맥 부근에서 전해졌다는 견해가 있듯이, 옥은 상당히 광범위하
게 교역되었다. 소하묘유적의 옥제품도 그 교역의 일면을 보여주는 예이다.

파지리크(Pazyryk)고분군

파지리크고분군은 남시베리아의 알타이산맥Altai Mountains에 위치하며, 연대
는 BC 5~3세기 전후이다. 또 얼어붙은 고분으로 유명하며 부장된 유물이 동
결凍結되었기 때문에 보존상태도 아주 양호하다.

특기할 만한 유물로는 중국제로 전국시대의 「산山자문경」과 봉황문 견직
물, 페르시아의 날개달린 그리핀과 말을 탄 기사의 문양을 짜 넣은 융단을
들 수 있다(도1-2-2). 이외에도, 바다 조개인 보패寶貝, 아프가니스탄산 라피

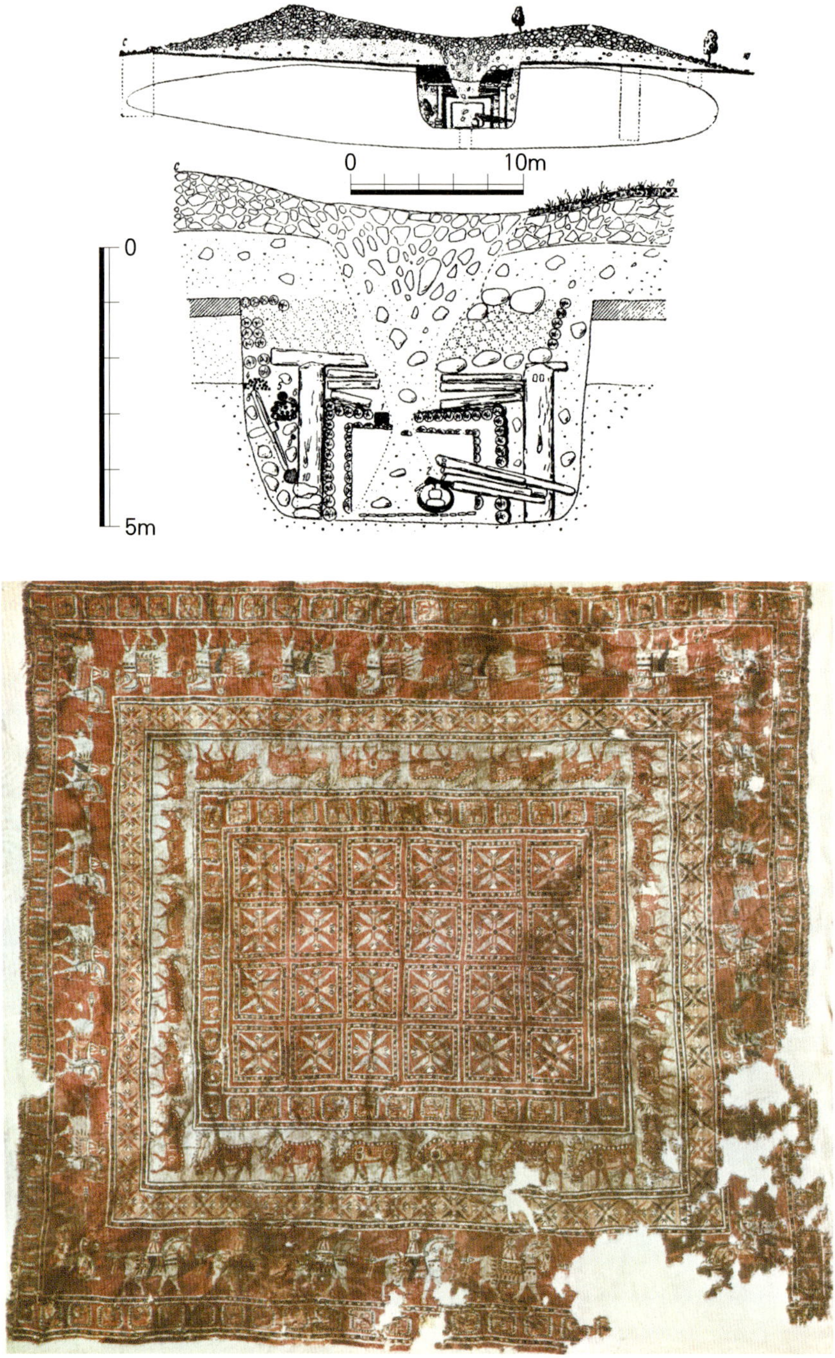

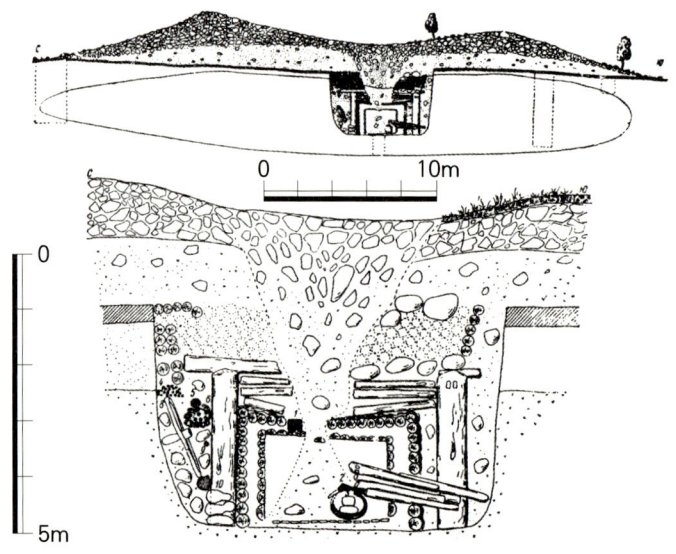

█ 도1-2-2 파지리크고분과 출토 페르시아 융단

스라즐리靑金石, 서아시아산 코리안더Coriander[1] 등, 파지리크고분군에서는 활발한 동서교류를 보여주는 유물이 많이 출토되었다.

위와 같이 장건의 서역파견을 훨씬 이전시대부터 유라시아대륙의 동서에서 활발한 교류가 있었던 사실을 알 수 있다. 즉 한대에 시작한 실크로드는 한대 이전 시기에 각 지역에 존재했던 교류 루트를 기초로 성립한 것이다.

한(漢)과 흉노(匈奴)의 항쟁

흉노는 아시아 북방의 초원지대에서 활약한 유목민족이다. 『사기史記』에 전국시대戰國時代 조나라趙國와의 전투가 기록되어있다. 진나라秦國때 강성하여 진시황은 그 침입에 맞서 전국시대 여러 국가의 장성長城을 이어서 방어선으로 삼았다. 또한 몽염蒙恬 장군을 파견하여 흉노를 일시적으로 물리쳤지만, 진나라 멸망 이후에 다시 장성 부근까지 세력을 넓혔다. 묵돌선우冒頓單于 때에 흉노는 더 세력을 키워 동방의 동호東胡, 서쪽의 월씨月氏 등을 물리치고 장성長城선을 남쪽으로 넘어 오르도스 지역을 지배했다. 그 결과 동서 교역로였던 서역을 수중에 넣은 것이다.

한과 흉노의 싸움

전한前漢의 고조高祖 유방劉邦은 흉노 토벌에 군사를 일으켰으나 패배하여 화친을 맺고 매년 공납품을 보내게 되었다. 무제武帝때는 국력이 강성해져 흉노에 대해 우위에 서려고 시도한다. 그래서 흉노에 패하여 서쪽으로 이동한 대월씨大月氏와 손잡기 위해 장건張騫을 파견하지만 동맹을 맺는데는 실패한다. 그러나 서역 제국諸國의 정세가 한나라에 알려지면서 실크로드 교류가 활발해지는 계기가 되었다.

무제武帝는 흉노와의 전쟁을 거듭하여 장군 위청衛靑, 곽거병霍去病(도1-2-

---

1 지중해 동부가 원산인 향채로서 잎, 뿌리, 줄기, 열매 등이 요리에 이용된다.

■ 도1-2-3　중국 서안시 곽거병묘 출토 말상(朴天秀 촬영)

3)으로 하여금 오르도스Ordos지역을 회복하고 장성長城을 복원하여 수비를 강화하였다. BC 121년에는 하서 지방에 있던 흉노 혼야왕渾邪王이 투항하자 무위武威, 장액張掖, 주천酒泉, 돈황敦煌의 하서사군河西四郡을 설치하였다. 그 후에도 한과 흉노는 충돌하였고 한나라는 오손烏孫과 제휴하여 흉노를 재차 물리쳤다. BC 60년에는 일축왕日逐王이 투항하자 한漢은 서역도호부를 설치하고 서역의 지배력을 공고히 하였다. 이후 흉노는 내분으로 분열하며 동흉노는 한에 귀순하고, 서흉노는 서쪽으로 패주敗走하였다. 원제元帝 때에는 서역으로 도망간 질지선우郅支單于를 토벌하고, 서역 각국도 한나라의 외신外臣이 되었다.

한漢의 황제 자리를 빼앗은 왕망王莽은 주변 민족에 고압적인 태도를 취했기 때문에 흉노는 반란을 일으켜서 다시 적대적인 관계가 되었다. 그러나 BC 48년 일축왕日逐王이 독립하여 한에 귀순하였고, 흉노는 남북으로 분열된다. 89년 화제和帝가 북흉노를 물리치자, 북흉노는 오손烏孫의 땅으로 이동하였고, 남흉노는 보호를 받아 한漢화된다. 장성 부근에 정착한 흉노匈奴로부터 훗날 오호십육국五胡十六國시대의 전조前趙 등의 국가들이 건국된다.

흉노(匈奴)의 고고학적 증거

『사기史記』「흉노열전匈奴列傳」에는 흉노의 생활상에 대한 기록이 있다. 흉노
는 북방에 사는 말, 양, 소 등을 가축으로 키우며 좋은 초지草地를 찾아 목축
을 하면서 이동하는 유목 생활을 하고 있었다. 도시나 정해진 주거와 경작지
등은 없고, 평화로운 때에는 가축을 키우거나 사냥을 하여 그 고기를 식량으
로 하였다. 흉노 자신들이 문자 기록을 남기지 않기 때문에 중국 측의 기록
에서 그들의 생활상을 상상할 수밖에 없다.

고고학 자료는 기록에 남아 있지 않는 사람들의 생활을 오늘날 전해 준
다. 흉노의 무덤으로 추정되는 고분이 몽골, 중국 북방 등지에서 발견되고
있다. 무덤에는 동물의 순장殉葬과 마구의 부장이 보이며 남자들은 활과 화
살, 공구 등을 부장하는 경우가 많다. 이러한 고고학 자료의 양상은 유목이
나 사냥을 행하였다는 기록과 잘 일치하고 있다.

생활의 유적으로는 바이칼Bakal 호반湖畔의 이볼가Ivolga유적 등 흉노시
대의 취락지가 몽골 고원 북부에서 일부 확인되고 있다. 이볼가유적은 흙벽
으로 둘러싸인 취락에서 수십 채의 건물지가 발견되었다. 거주용에는 부뚜막
이 있으며, 출토품은 철제 농구, 전국경戰國鏡, 동물 뼈 등이 있다. 많은 한인漢人
이 여기서 살면서 농사나 수공업을 하고, 흉노가 이를 관리하였다고 생각된다.

최근 중국 신강위구르자치구新疆維吾爾自治區 바르쿨巴里坤에서 조사되었던
동흑구東黑溝유적은 천산산맥의 북쪽 기슭에 있는 광대한 유적이다. 북방에
는 초원이 펼쳐지고 물도 풍부한 풍광명미風光明媚한 곳이다. 여기서는 돌로
만든 건물지나 제사와 관계가 있는 것으로 여겨지는 기단과 묘가 발굴되었고,
동물 등을 주제로 한 암각화도 많이 발견됐다. 일상적인 생활의 장소였을 가능
성이 크다.

동흑구東黑溝유적을 북흉노 왕의 정원으로 생각하는 사람도 있다. 역사상
의 민족과 고고학 자료를 직접 연결시키는 것은 어렵지만, 고대 유목민의 생
활과 문화가 앞으로 더욱 분명해질 것으로 기대된다(後藤).

위진남북조(魏晉南北朝)의 남북교류

위진남북조시대(魏晉南北朝時代)의 개시

실크로드의 동서교역은 한漢왕조에 의한 「천산남로天山南路」와 「서역남도西域南道」의 장악함에 따라 성행하게 되었다. 그 후 한漢왕조의 붕괴부터 수隋·당唐 왕조가 성립할 때까지의 위진남북조魏晉南北朝시대에도 동서교류는 계속되어 다양한 문물이 전해지고 있었다. 이 루트와는 다른 북방北方에서 문화가 유입되기도 하였다.

한漢왕조의 멸망 후 중원中原지역이 혼란스러운 가운데 중국 북부에서는 북방北方계 민족(흉노匈奴·선비鮮卑·갈羯·저氐·강羌)이 제국을 세웠다. 이른바 오호십육국五胡十六國이다. 이 북방北方계 민족이 화북華北지역으로 이동한 결과, 종래의 한漢문화와 북방 문화의 융합이 진행되었다.

그 중에서도 대흥안령大興安嶺 출신의 탁발선비족拓跋鮮卑族은 북방 제국을 통일하여 북위北魏왕조를 건국하였다. 398년에 평성平城(산서성山西省 대동大同), 494년에 낙양洛陽(하남성河南省)으로 천도하여 중원中原에 새로운 도읍을 건설하였다.

한편 한漢민족의 왕조는 강남江南지역으로 이동하여 송宋, 제齊, 양梁, 진陳 등의 남조南朝를 세웠다. 이 북방계 민족의 왕조와 한漢민족 왕조의 병립기간을 남북조南北朝시대라 부른다.

북조北朝는 화북華北지역과 그 땅에 거주하는 한漢민족에 대한 지배와 동시에 정치·경제·문화·묘제·사회풍습 등 다방면에서 한漢화를 진행시켜 한민족과의 융화를 도모하였다(도1-2-4)(한漢화된 왕릉). 동시에 한문화의 땅에 북방 문화가 유입되었고, 쌍방의 문화가 융합하여 이후 수隋·당唐문화의 기초가 되었다.

■ 도1-2-4 중국 낙양시 북
위 선무제릉(朴天秀 촬영)

북방(北方)으로부터 전해진 것 – 경기병(輕騎兵)과 중장기병(重裝騎兵)의 채용

교류에는 평화적 성격을 가지는 것이 있는 한편, 군사충돌로 인한 교류도 있다. 그 하나가 북방으로부터 전해진 기마騎馬 습속이다. 원래 기마 풍습 자체는 광대한 초원에서 말을 많이 산출하는 북방에서 전해진 기술이다. 중국 왕조로는 상商대 이후에 마차馬車의 존재가 알려져 있는 것 외에 전국戰國시대에 조趙의 무령왕武靈王이 북방계 민족의 기사騎射와 복장을 도입하였다는 「호복기사胡服騎射」 설화가 있다. 또 전한前漢의 무제武帝가 한혈마汗血馬를 구하기 위해 서역西域 원정을 실시하였다는 『사기史記』의 기술, 무덤의 부장품 등으로 볼 때 전국戰國~한대漢代에 경기병輕騎兵을 채용한 것을 알 수 있다.

남북조南北朝시대가 되면, 원래 유목 북방계 민족으로 구성되는 북조北朝가 중장기병重裝騎兵을 도입했다. 철제의 갑주甲胄로 무장한 병사와 같이 갑주로 무장한 군마의 편성은 공격력과 방어력이 뛰어난 중장부대重裝部隊로 큰 위협이 되었으며, 이윽고 남조南朝에서도 채용되었다. 그 모습은 각지의 용俑이나 화상전畫像磚, 벽화 등에 남아 있다. 게다가 한반도와 일본열도에서 출토되는 군마軍馬용 갑주甲胄의 존재로 보아 5~6세기에는 동아시아 전역에 영향을 미친 사실을 알 수 있다(도 1-2-5)(중장기병重裝騎兵의 전투持田).

■ 도1-2-5 중국 돈황 막고굴 제285굴 벽화

당과 페르시아의 교류

당 태종(626~649년)은, 동서 돌궐의 혼란을 틈타 차츰 북방과 서방으로 세력을 확대하였다. 우선 630년에 동돌궐을 무찌르고, 640년에는 서돌궐의 지배하에 있는 국씨麴氏 고창국高昌國 등을 멸망시켰다. 힘으로 장악한 당은 다시금 648년에 구자龜玆, 언기焉耆, 이어서 소륵疏勒, 우전于闐을 공략하고, 서돌궐의 동쪽 절반을 지배하에 두었다. 구자龜玆정복의 공적으로 도독都督이 되어 정주庭州에 있던 서돌궐 출신의 아사나하로阿史那賀魯는 당의 후대厚待에도 불구하고, 태종의 죽음을 틈타 반기를 들었다. 그러나 석국石國(현재의 타슈켄트)에서 붙잡혔고, 서돌궐은 멸망했다. 즉 이리강伊犁江에서 타림분지의 언기焉耆, 구자龜玆, 선선鄯善, 차말且末, 파미르고원 이서의 타슈켄트, 사마르칸트 등을 아우르는 광대한 영역이 당의 지배 하에 들어오게 된 것이다.

당에 들어온 페르시아문화의 성행

소그디아나Sogdiana2에서 토하리스탄Tokharistan3까지가 당의 세력권이었으며 동서교역이 현재보다 더 활발하였다. 그때 활약한 것은 주로 소그드 상인과 페르시아 상인이다. 이 상인들은 페르시아에서 생산한 보석 · 유리 · 악기 · 유향乳香 · 약 · 융단(양탄자) · 페르시아 도기陶器 등을 낙타 등에 싣고 페르시아 고원, 타클라마칸사막을 넘어 멀리 당의 도읍 · 장안을 향했다(도1-2-6, 7). 문물뿐만 아니라, 조로아스터교拜火敎, 마니교摩尼敎, 네스토리우스파Nestorians 크리스트교景敎 등의 종교와 서역의 음악, 무용이라고 하는 문화, 의학지식과 의료 등의 기술도 전해졌다.

---

2 아무다리야(Amu Darya)와 시르다리야(Syr Darya) 양강(兩江) 상류의 중간을 동서로 흐르는 자라프샨강 유역의 옛이름.

3 아무다리야(Amu Darya 그리스명은 옥소스강)의 중류 남북, 북은 사라푸샨 산맥 이남부터, 남은 힌두쿠시 산맥 이북의 아프가니스탄 북부에 걸치는 지역이다. 박트리아로 불렸던 지역이며 이슬람시대 이후는 토하리스탄으로 불렸다.

▌ 도1-2-6　일본 오오사카부 전 안칸릉고분 출토 사산조 페르시아유리기(朴天秀 촬영)

▌ 도1-2-7　중국 서안시 하가촌 출토 당 금제 용기

많은 페르시아 상인과 소그드 상인들은 상품을 가지고 왕래했을 뿐만 아니라 장안長安과 낙양洛陽, 양주揚州, 광주廣州 등의 도시로도 옮겨 다닌 것을 묘지墓誌와 문헌사료에서 알 수 있다. 651년에 사산조 페르시아가 멸망하여 더 많은 페르시아인이 이슬람의 지배를 피해 장안에 이르렀다. 고종은 망명해 온 야즈데게르드Yazdegerd3세의 아들 페로즈Peroz를 위해 조로아스터교 사원波斯寺을 지어주며 후대했다. 소그드인과 페르시아인 등은 「호인胡人」으로 불리며, 유교사회의 사이에는 호식胡食 · 호복胡服 · 호장胡粧 · 호악胡樂 등이 인기였다. 장안은 아베노 나카마로阿倍仲麻呂4 등 일본에서 온 유학생과 신라에서 온 사절을 포함한 모든 나라와 지방사람들이 모인 국제도시로 번성하였다. 한편 중국의 견직물 · 금은기 · 도자기 등이 각국과 지방에 전해졌다(菊地).

원(元)의 유라시아 교역

원은 13세기 초 몽골고원에 출현했던 몽골이라는 이름의 유목국가에서 시작되었다. 몽골을 이끌던 징기즈칸은 동북지방의 금金을 멸망시켰고 중앙아시아에서 중동을 차지했던 호라즘Khorazm왕국5을 타도하였다. 13세기 중반에는 서쪽은 이란, 이라크까지 그 영토를 넓혔다. 중원 왕조는 농업을 중시하고 상업이 활발하지는 않았다. 그러나 원이 중국을 통일하면서 단번에 국제무역이 꽃피게 되었다. 북방민족이 살던 땅은 생산력에 한계가 있었기 때문에 교역으로 생활과 생산자원을 충족시킬 필요가 있었던 것이다. 원은 교역

4 　아베노 나카마로(阿倍仲麻呂698-770년)는 나라시대 당에 유학하였으며 이백(李白) 등과 교류하였다. 당 조정에 종사하여 안남절도사(安南節度使)를 역임하였다.

5 　1077년에 아무다리야(Amu Darya) 하류 유역, 지금의 히바(Khiva)에 세워져 1231년까지 존속했던 국가로서 셀주크왕조의 부장(部將) 아누시티긴의 아들 쿠트브 웃딘 무함마드(재위 1097~1127)가 술탄에서 독립, 우르겐치를 수도로 호라즘을 건설하였다. 그 후 동방의 서요(西遼)와 연합하여 이란, 아프가니스탄으로 진출, 대국이 되었다. 한 때 서요(西遼)왕조를 멸하고 사마르칸트를 중심으로 하는 동서무역을 독점하여 번영하였으나 몽골 칭기즈칸 군에 패하여 멸망하였다.

을 중시하고 영역내에 역전驛傳제도를 정비하여 안전한 도로를 확보하였다. 또한 남송을 멸망시킨 후에는 강남江南의 천주泉州 등 무역항을 거점으로 동남아시아 해역과 인도양 국가와 해상무역을 활발하게 진행하였다.

원의 청화자기(靑花磁器)와 용천청자(龍泉靑磁)

원이 교역에서 가장 중요한 것은 청화자기靑花磁器라고 할 수 있다. 중국어의 꽃「花」은 문양의 의미로 사용되어, 청화자기는 흰색바탕에 청남색靑藍色의 문양이 그려진 도자기이다. 원은 경덕진요景德鎭窯에서 청화자기의 제조에 성공하여 인도양 경로를 통해 이슬람 중동지역에 대량으로 수출하였다. 오늘날 현존하는 유물은 대부분이 터키의 톱카프Topkapi 궁전과 이란의 아르다빌Ardabil 사원에 보관되어있다. 청화자기는 서방의 이슬람국가에서 주문품이 많았다. 오스만투르크 시대의 세밀화에는 원의 청화자기가 많이 그려져 있어 이슬람국가에서 식기로 애용되었음을 알 수 있다. 한편, 절강성浙江省 용천요龍泉窯에서 청자의 생산이 계속되었다. 원대의 청자는 송대에 비해 청색을 띠며 기형이 두껍다. 지치至治3년 절강성浙江城 경원慶元6의 항구를 출항하여 하카타博多로 향하는 도중에 조난된 한국의 신안新安 침몰선沈沒船에서는 2만여 점 이상의 도자기가 인양되었으며 그중 60%가 용천요산 도자기였다(도1-2-8).

원의 지역 내에서는 천주泉州나 양주揚州 도시에는 다양한 국적의 사람들이 살고 있었다. 천주에는 번객묘蕃客墓라고 하는 이슬람 묘지가 있었고 양주陽州에는 천주교 묘비가 발견되고 있다. 원은 종교에 대해서도 관대하여 이슬람교, 유대교, 기독교, 라마교 등 외래종교가 유행하였다(山田).

---

6 현재 중국 절강성(浙江省) 영파(寧波)의 옛 이름.

■ 도1-2-8 한국 신안선 출토 중국 도자기(朴天秀 촬영)

|옛날에는 「민족」도 「국경」도 없었다|

섬나라에서는 [해외海外]여행이라는 표현한 것에서 알 수 있듯이 해상에 있는 국경을 넘어야만 다른 나라에 여행이 가능하기 때문에 바다에 경계선의 존재가 자명한 것으로 생각한다. 그러나 비행기로 실크로드를 방문할 때 하늘에서는 국경선은 보이지 않는다. 지도 위에서 구분이 행해진 것은 지난 수십 년부터 100년 정도의 이야기이다. 이동생활을 하는 유목민遊牧民과는 달리 토지를 구획하고 독점화하는 것은 정착생활을 영위하는 농경민農耕民이다.

EU에서는 가맹국들 사이에서는 왕래하는 것이 자유롭다. 그러나 옛 실크로드에서는 더 광대한 범위에서 자유롭게 왕래往來와 교역交易이 행해지고 있었다. 육지에서 사람들이 자유롭게 왕래하고 있어 인종과 민족이 얼마나 애매한 개념인지 알 수 있다. 장거리교역長距離交易으로 가는 곳마다 필요한 말도 자연스럽게 익혀 다언어화자多言語話者가 되는 것은 당연하다. [외국어外國語]라는 생각도 [일국—國 일언어—言語]라는 것도 일본적인 발상이 아닐까.

실크로드에서 생활과 관습에 차이가 없었던 것은 아니다. 기후와 지형, 동식물들이 다양하기 때문에 자연스레 거기에 사는 사람들의 가치관이나 사고방식도 다양해진다. 중요한 것은 그 차이를 강조하는 것이 아니라 용인하는 것이다. 극단적인 차별화나 차이의 강조는 분쟁의 원인이 된다. 다른 문화의 교류를 통하여 가치관과 영혼을 울리는 감격을 여행의 묘미로 즐기면 더할나위없이 좋을 것이다(川畑).

실크로드의 오아시스도시군

타클라마칸(Takla Makan)사막의 북과 남

타클라마칸 사막의 북쪽에서 천산산맥天山山脈의 남쪽 기슭을 동서로 가로지르는 「천산남로天山南路」는 사막과 황무지 사이에 있는 크고 작은 오아시스를 잇는 길이다. 서쪽은 로마Roma에서 알레포Aleppo, 테헤란Teheran, 바미안Bāmiyān을 거쳐 카이베르고개Khyber Pass를 넘어 파미르고원을 지나 카슈가르疏勒에 이른다. 천산과 사막 사이 약간의 녹지대인 아쿠스阿克蘇, 쿠차庫車, 카라샤르Karashahr 焉耆를 거쳐 동쪽으로 나아간다. 그곳에서 길은 두 갈래로 나누어져 누란樓蘭을 거쳐 양관陽關으로 나오는 루트와 투루판吐魯番을 경유하여 옥문관, 돈황敦煌 등으로 이르는 루트가 있다. 사막 오아시스 루트에서 가장 교통량이 많고 교역이 활발한 주요 루트이다.

이 길의 주변에는 천산 산맥의 빙하와 눈 녹은 물을 이용한 오아시스 농경이 이루어진다. 대표적인 작물은 과일과 면화이다. 과수원에서는 포도, 석류, 아몬드, 무화과, 천도복숭아, 사과, 살구, 배, 마르멜로(장미과의 낙엽 소교목), 밭에서는 수박이나 멜론, 하미 참외가 수확된다. 건조 포도와 살구, 무화과는 원거리 교역품으로 이용되고 있다.

공작하孔雀河 상류역에 있는 영반營盤유적 15호묘(도 1-3-1)에서 출토된 유물은 사자 문양의 융단絨毯, 단검과 방패를 가진 그리스풍 동자상의 상의

와 "수壽"와 "우右"한자를 새긴 금錦이 있었다. 죽은 이의 가슴에 둔 아동복 2벌(동복, 춘추복)은 저승에서 입는 "명의冥衣"이다.

아스타나Astana고분은 7세기 국씨魏氏 고창국高昌國 시대의 부부합장묘로 묘지, 명주에 그린 복희녀와상伏羲女媧像, 한자 문서, 사산조 페르시아 은화와 비잔틴 금화와 과일과 비스킷이 썩지 않은 채로 출토되었다. 당나라 무덤에서 출토 된 수하미인도樹下美人圖와 사자수문금獅子狩文錦, 오현비파와 하프 등의 악기는 쇼소인正倉院에서도 확인되는 물품이다. 또한 페르시아와 로마의 유리는 장안과 영파寧波, 신라를 거쳐 일본의 후쿠오카현 오키노시마沖ノ島, 쿄우토부 카미가모신사上賀茂神社 등에서 출토되었다.

타클라마칸사막의 남쪽을 동서로 가로지르는 경로를 「서역남도西域南道」라고 한다. 서쪽은 카이로에서 바그다드를 거쳐 파미르 고원을 지나서 타슈쿠루간Tashkurgan에서 야르칸드莎車로 나오는 서쪽 방면의 노선이 있다. 한편 인도에서 시작하는 루트는 델리Delhi에서 스리나가르Srinagar를 거쳐 카라코람Karakoram산맥을 횡단하여 호탄和田 또는 야르칸드莎車에 이른다. 중앙아시아와 인도에서 타클라마칸사막 남쪽 가장자리 야르칸드莎車, 호탄和田, 니야尼雅, 미란米蘭, 산산鄯善, 누란樓蘭을 연결하여 옥문관玉門關에서 천산 남로와 합류한다.

호탄和田의 백옥강白玉, 흑옥강黑玉에서 채취한 "곤륜崑崙의 옥玉"은, 교역품으로서 동서남북으로 퍼져나갔으며 중국에서는 신석기시대부터 귀중히 여겼다. 특히 안양安陽 은허殷墟의 부호묘婦好墓에서 출토된 옥제품은 과학 분석에 호탄산으로 판별되었다. 아프가니스탄에서 생산되는 청금석青金石과 터키석(녹송석綠松石)도 이 루트로 전해졌다.

사막의 중간에 남겨져 폐허로 변한 누란樓蘭에서는 전한前漢부터 위진남북조魏晉南北朝에 걸친 사원과 관가, 주거, 가축우리, 수로, 연못 등의 유구와 다양한 유물이 발견되었다. "누란의 미녀"라는 미라는 정밀한 의학 조사에 의해 성장 중에 영양장애로 머리에 이가 발생하였고, 폐에 먼지가 들어간 것으로 확인되었다. 당시 누란의 생활환경이 그다지 양호하지 않았던 것을 알 수 있다(岡內).

토쿠즈 사라이(托庫孜薩來)의 유적과 유물

토쿠즈 사라이는 중국 신강위구르자치구新疆維吾爾自治區 파초현巴楚縣의 동북 75km에 위치하는 북조北朝~당대唐代(5-10세기)의 성지城址, 불교사원 유적이다. 유적의 지세는 남북으로 산지가 발달하고, 북측의 산자락에 한 무리의 폐옥廢屋이 있었기 때문에 「9채의 집」이라는 의미로 토쿠즈 사라이라 부른다.

토쿠즈 사라이 고성故城은 삼중三重의 성벽과 남북에 성문을 가지고 있어 당대의 「거사득성据史得城」으로 생각되고 있다. 남북의 산록에는 불교사원지가 있는데, 1906년에 북측 산위의 사원지는 폴 페리오Paul Pelliot(1878-1945)가, 1914년에 남쪽 산위의 사원지가 르콕Lecoq이 조사하였다. 또한, 1929년의 황문필黃文弼과 그 후의 중국 고고대考古隊에 의해서 성지城址와 그 주변이 조사되었다(도1-3-2).

■ 도1-3-2   중국 토크즈 사라이 유적과 불상 조각(岡內三眞 제공)

북측 산위에는 5기의 건물지가 있는데, 그 중의 2기가 산상사원지이다. 이 사원지는 스투파를 중심으로 큰 방과 작은 방을 가지는 구조이며, 서쪽의 대 사원지의 작은 사당에서는 많은 소조상塑造像이 출토되었다. 스투파를 중심으로 큰 방과 작은 방을 가지는 사원 구조는 아프가니스탄, 북 파키스탄과 유사한 배치이다. 출토된 소조상塑造像은 눈과 코가 중앙에 모이는 것이 특징이다. 또 작은 사당祠堂의 지하실에서는 녹유綠釉를 시유한 2개의 파수把手가 붙은 암포라형의 항아리가 출토되었다. 그 중에는 화장한 인골이 들어가 있어 초기 화장의 예로서 주목 받고 있다.

동쪽의 사원지는 평면형이 서쪽으로 열린「ㄷ」자형을 나타내고 있고, 그 외측에서는 다양한 장면을 표현한 보살과 천사天使 등의 릴리프relief가 남아 있었다. 이와 함께 의장 등의 표현이 사실적이고, 둥근 얼굴에 부은 눈꺼풀을 가지는 것이 특징이다.

한편 남쪽 산위에서는 동서의 벼랑 위에 사원지가 있으며 벼랑의 남쪽 정상에는 성새城塞화한 성이 남아 있다. 동쪽 벼랑의 사원 북동쪽 모퉁이의 한 방에서는 당풍唐風의 설법도說法圖를 그린 벽화가 발견되었다. 당唐대의 사원지로서 후전後殿인 승방僧坊이 남아 있다. 그러나 소조상塑造像은 이미 파괴되어 벽에서 벽화의 흔적을 볼 수 있지만, 파괴가 심한 것은 알아보기 힘들다.

이 유적에서 발견된 특징적인 유물로는 소상塑像과 릴리프 외에 브라후미문자Brahmic scripts[7]로 된 문서나 구자龜滋의 목간木簡, 한자漢字문서, 위구르어나 아라비아어의 문서 등이 있다. 브라후미문서는 트무슈크Tumushuk어(중세 페르시아어의 동방 방언)로 쓰여 있으며, 다른 언어로 쓰인 문서가 출토된 것은 이 땅이 동서 교통의 요충이었던 이유이다. 또 송宋대의 동전이 발견되고 있으며, 중앙아시아에 있었던 카라한조 이슬람교도의 침공을 계기로 쇠퇴하였다고 생각된다(中條).

---

7 남아시아, 동남아시아, 티벳, 몽골 등의 문자 체계와 아라라비아 숫자의 근원인 문자이다. 한글에도 영향을 미쳤다는 설이 있다. BC 3세기의 인도 아쇼카왕의 법칙(法勅) 등이 있다.

쿠차(庫車)의 유적과 불교벽화

쿠차庫車는 천산산맥 중부의 남로에 위치하며 산의 눈 녹은 물이 흘러 풍족한 경지가 넓게 펼쳐진 오아시스이다. 이곳은 구자국龜玆國이 번영한 땅으로 『사기史記』에 따르면 BC 2세기에 중계무역으로 번성하여 타림분지 내에서도 굴지의 대국이었다. 당대에는 안서도호부安西都護府가 설치되고 정치, 군사, 경제와 문화의 중심이었으나 당조唐朝가 쇠퇴하면서 구자국도 쇠퇴하였다.

후한後漢대에 인도 불교를 들여와 발전시켜 구자불교를 창출하고, 구마라십鳩摩羅什과 불도징佛圖澄 등 동방으로의 불교전파로 공적을 남긴 인물을 배출하였다. 또 구자악龜玆樂이라고 불리는 특징의 음악과 춤이 번성하고 당에 전해져 유행하였다.

쿠차(庫車)의 유적

구자국의 도성인 구자 고성故城은 쿠차 시내의 서쪽에 있다. 구자문화의 중심으로 그 주위 수십 *km*에는 키질석굴克孜爾石窟, Kizil caves 등의 유명한 유적이 분포한다. 성벽은 동, 남, 북벽이 잔존하며, 남아있는 벽의 폭은 8~16m, 높이는 7.6m, 길이는 약 1,100m이다. 오래된 성벽은 한漢대에 축조되었으며 북위北魏시대에 황폐화된 것을 당唐대에 수복하였다. 성내에서는 한漢·당唐대의 화폐와 토기, 기와, 철 쟁기鉄犂 등이 출토되었다. 또 남해돈南海墩·합랍돈哈拉墩 등으로 불리는 건축지가 현존한다. 합랍돈哈拉墩에서는 33점의 대형 토기가 출토된 점으로 보아 저장고였을 것으로 보인다.

쿠차(庫車)의 불교벽화

구자국의 영역 내에는 불교석굴군과 불교유적이 20개소 이상 남아있다. 석굴사원에는 키질克孜爾(도1-3-3), 타이타이얼台台爾, 쿰투라庫木吐喇, 심심森木塞姆石窟, 키질가르하克孜爾尕哈, 마자바하碼扎伯哈 등이 있으며, 불교사원은 수바시Subashi유적이 유명하다. 석굴의 총수는 600개가 넘으며 벽화의 총 면적

은 1만㎡ 이상에 달하지만, 그 조차도 원래의 일부에 지나지 않는다. 그 중에서도 최대의 석굴이 키질석굴로서 무자티강木扎提河 북안의 단애를 개착開鑿한 236개의 굴이 확인되었고, 3분의 1은 벽화가 남아있다.

석굴과 사원에 그려진 벽화는 구자국龜玆의 불교예술이라고 불린다. 4세기에서 13세기까지 그려졌고, 석굴에 따라 시대의 차이가 있다. 구자지역은 북전北傳 불교의 중심지로 인도, 중앙아시아 등의 문화적 전통을 폭넓게 흡수하여 벽화내용에서도 그 영향이 보인다. 인도와 이란의 영향이 강한 양식과 중국의 영향이 강한 양식으로 나눌 수 있다. 제재題材는 석가와 그를 둘러싼 보살菩薩, 불제자佛弟子, 비천飛天, 공양인供養人, 기락伎樂, 석가釋迦의 전세前世의 이야기를 묘사한 본생도本生圖, 석가의 소행을 나타낸 불전도佛傳圖 등 불교에 관계되는 벽화가 주류를 이룬다. 또 사람들의 생활도 그려져 있다.

벽화는 우선 단애에 굴을 파고 벽면에 짚을 섞은 점토를 발라 기초로 삼고 그 위에 회반죽을 바른다. 그리고 선으로 윤곽을 표시하며, 안료로 장식한다. 음영이 확실하여 입체적이다. 제 2형식이라고 하는 벽화에는 한색계寒

色系의 색채가 눈에 띄고, 특히 군청색은 아프가니스탄산 청금석青金石을 원료로 하여 선명한 파란색을 기조로 한 벽화의 아름다움에 눈이 이끌린다. 구자벽화의 수법은 동쪽으로 전해져 초기의 중국 불교회화에 영향을 주었다. 당唐대 이후는 중원의 양식에 역으로 전해져, 구자 위구르양식이라는 새로운 수법이 출현한다(後藤).

투르판(吐魯番)은 민족흥망(民族興亡)의 땅

고창고성(高昌故城)

투르판 시가의 동남 47km에 고창고성高昌故城이 있으며, 카라호즈라고도 불린다. 고창고성은 고창국高昌国(450?~640년)의 수도였다. BC 48년에 한나라가 이 땅에 고창벽高昌壁을 쌓고 둔전병屯田兵을 두었다. 그 후 전량前涼(317~376년)대에는 고창군, 북위北魏~당唐 초기에는 국씨麴氏 고창국高昌國의 수도였다. 동서교통의 중심지로서 이 지역의 정치, 경제, 문화의 중심으로 번영하였다. 국씨 고창국은 독자적인 제도와 연호를 사용하고 [고창길리高昌吉利]라는 동전도 만들었다. 또한 불교를 신앙하여 628년에 국왕인 국문태麴文泰의 초청으로 현장玄奘이 인도에 가는 길에 체류한 것으로 알려져 있다. 고성故城은 외성外城, 내성內城, 궁성宮城의 삼중의 성벽으로 구성되어 있으며, 외성은

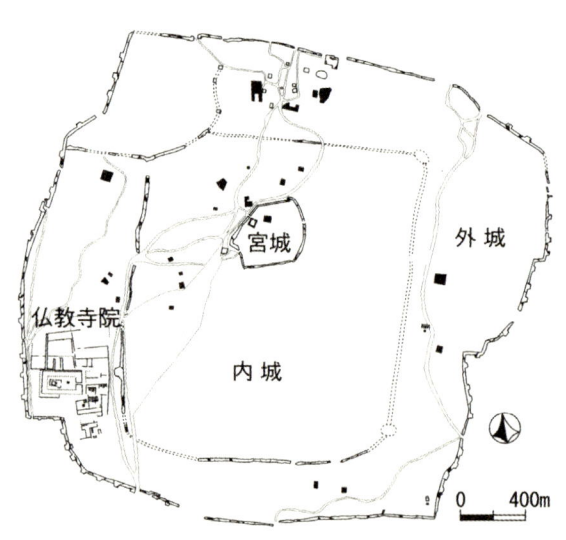

■ 도1-3-4 중국 신강 고창 고성 평면도(岡內三眞 원도)

한 변이 1.4km인 정방형이다. 내성은 외성의 중앙에 있고 궁성은 내성의 북쪽에 건설되었다. 외성의 남쪽 모서리에 당唐~고창 위구르시기의 대형 불교사원이 있다. 성내에는 그 밖에도 대탑大塔, 소탑小塔, 불탑佛塔 등 불교유적이 많다(도1-3-4, 5). 그리고 불교뿐만 아니라 내성 안 중앙남쪽에는 마니교사원, 성 밖에는 경교景教사원도 있는데 경교사원에서 크리스트의 벽화가 발견되는 등 이 시기의 국제적인 상황을 엿볼 수 있다. 그러나 현재는 풍화된 성벽과 건물의 기반만이 남아있다. 고창국 이후에도 당대 서주西州-안남군安南郡까지 도시가 생겨 고창 위구르시대에도 군이 번영하였지만 원元대에는 항

▌ 도1-3-5 　중국 신강 고창 전경(상: 岡內三眞 제공　하: 村越稔 제공)

쟁에 휘말려 황폐화되었다.

투르판 시가의 동으로 42km, 고창고성高昌故城의 북 아스타나묘지에 고창국
과 당唐대 서주西州에 살던 사람들의 고분군이 있다. 신강고고연구소新疆考古
硏究所 등이 1959~1975년 13회의 발굴조사에서 약 530여 기의 무덤을 조사
했다. 그 중 350개의 연대가 분명하여 3~8세기 말에 조영된 묘역으로 생각
된다. 출토 문서에서 가장 오래된 연대는 진晉대인 273년(태시泰始 9년)이고,
가장 후대의 것은 묘지墓誌로 볼 때 당唐대인 778년(대력大曆 13년)이다. 묘
역의 규모는 동서가 약 5km로 면적이 10m²이다. 무덤은 경사진 묘도墓道로 묘
실墓室로 들어가는 구조의 경사진 묘도 동실洞室이 많고, 이 외에 수혈편실묘
竪穴偏室墓도 있다. 초기의 무덤은 묘도墓道 길이 9m, 묘실墓室 사방 3m정도의
소형 목관장木棺葬이 많다. 국씨麴氏 고창국高昌國시대에는 묘실 후방에 시신
을 안치하고 벽을 화려한 벽화로 장식하고 가족마다 갑자형甲字形 묘역을 건
설하였다. 전실前室과 후실後室, 이실耳室이 있는 대형무덤이 출현하는 당 서
주西州 시기 무덤이 가장 많다. 건조한 기후 때문에 아스타나는 여러 명의 미
라화된 시신이 잘 남아 있으며 대량의 한자문서, 견직물絹織物, 묘표墓表, 묘지
墓誌, 고전古錢, 토기土器, 목제품木製品, 식물植物과 음식 등 많은 부장품이 상
당히 좋은 상태로 보존되어 있었다.

　문서에는 많은 소그드인들이 상업을 하였던 당시의 상황과 유목민과의
관계도 기록되어 있다. 시신의 입안에 넣은 비잔틴과 사산조의 동전, 마스크
에 사용된 위금緯錦 등의 유물도 문서에 쓰여진 서방과의 문화교류를 뒷받침
할 귀중한 자료로 주목된다(도1-3-6)(菊地).

■ 도1-3-6　중국 신강 투루판 아스타나186호묘 출토 견직물

모래에 파묻힌 대상(隊商)의 도시 누란(樓蘭)

환상의 호수

환상의 호수 로프노르호Lop nor湖 羅布泊의 탐험은 19세기말의 유럽 탐험가의 관심이었다. 20세기초 스웨덴의 헤딘Sven Anders Hedin이 확인하여 「방황하는 호수」라고 불렀다. 하천의 유량流量이 현재는 호수 그 자체가 사라지고 있다. 『사기史記』에 누란에 대하여 「소금 연못에 임하다」라는 기록이 있어 로프노르로 추정되고 있다. 헤딘은 실제로 로프노르를 찾아내고, 불탑과 건축지를 발견하여 발굴조사를 한 결과 누란의 소재지로 밝혀졌다.

51

이 지역에서는 BC 2000년 즈음부터 사람이 살았던 흔적이 확인되고 있다. 근년 조사된 소하小河묘지에서는 그 독특한 매장습속이 주목받았다. 부근의 철판하고묘鐵板河古墓에서 발견된 「누란의 미녀」로 유명한 여성의 미라는 밤색의 쪽진 머리와 높은 콧날, 움푹 패인 눈과 같은 외모의 코카소이드(백인종)의 얼굴 생김새를 하고 있다. 중앙아시아는 동쪽의 황인종과 서쪽의 코카소이드의 접촉지역으로, 다양한 사람이 오가는 곳이었다. 대상隊商 도시 누란의 원형은 이 때부터 인정할 수 있다.

누란(樓蘭)의 성쇠

누란의 이름은 『사기』「흉노열전」에서 흉노의 묵돌선우冒頓單于가 한의 무제에게 보낸 편지에서 처음으로 나타난다. 한대에서 진대에 걸쳐 누란은 전성기를 맞이했다. 누란고성樓蘭故城은 정방형으로, 한 변 330m 전후의 성벽에 둘러싸여 성 안에는 북서에서 남동으로 수로가 이어져있다. 민가 외에 불탑, 진晋대의 둔전관청으로 보이는 삼간방三間房 등의 유구가 있다. 성 밖에도 작은 불탑과 봉화대, 묘지 등이 있으며, 근년 벽화묘가 발견되어 화제가 되었다. 누란고성에서는 한문서, 카로슈티Kharosthī 문서[8]가 대량으로 발견되어 당시 사람들의 활동 모습을 직접 전하고 있다(도1-3-7, 8). 그 중에서도 1909년 LK유적에서 제2차 오오타니大谷 탐험대가 발견한 이백李栢(328년)문서는 유명하며 류우코쿠龍谷대학에 소장되어 있다. 그밖에도 청동기, 유리제품, 직물, 중국제의 칠기나 오수전 등이 출토되었다. 바다조개나 산호 등은 먼 해안지역에서 전해져 와 실크로드 교역의 실태를 잘 보여준다.

---

8 카로슈티(Kharosthi)문서 : 신강위구르자치구(新疆維吾爾自治區) 니야(Niya)유적에서 발견된 3~4세기의 카로슈티 문자로 된 고문서로 20세기 초 영국의 스타인이 신강의 호탄 동북방에 있는 니야유적에서 카로슈티 문자로 쓰여진 고문서를 발견한 것에서 연유하였다. 문자는 아람 문자에서 유래한 것이다. 이 고문서는 당시 선선(鄯善: 누란) 지방 실태를 파악하는 데 아주 귀중한 자료다.

불탑

삼간방

수로

■ 도1-3-7 중국 신강 누란 고성 평면도(岡內三眞 원도)

■ 도1-3-8 중국 신강 누란 고성

누란은 BC 77년에「선선鄯善」으로 나라의 이름을 바꾸고, 서방의 정절국
精絶國까지를 합하여 광대한 세력의 대국이 된다. 그러나 영화榮華를 자랑한
누란도 아마 유목민의 침입이나 환경의 악화, 교통로의 변화 등의 원인으로
몹시 황폐해져, 5세기 말에는 완전히 폐허가 되어버렸다. 현장玄奘이 이 지역
을 방문했을 때에는 사람이 전혀 없었던 것이『대당서역기大唐西域記』에 기록
되어 있다(山田).

|투르판(吐魯番)의 카나트(Qanat)⁹|

카나트Qanat는 건조지대에서 이용되는 지하배수로이다. 일반적으로 선상지에 만들어져 그 경사에 따라서 파진 수직 우물 1개씩을 터널에 연결한 것으로, 지하수를 농지나 거주지까지 공급한다. 투르판지역에서는 약 1,200개나 되는 카나트가 확인되어, 그 총 길이는 약 5,000km에 이른다(도1-3-9).

카나트Qanat와 같은 구조를 한 지하배수로는 신강위구르자치구新疆維吾爾自治區 이서의 건조지대에서도 볼 수 있다. 지역에 따라 명칭이 다른데, 이란에서는 카나트, 중근동에서는 파라즈Falaj, 북부아프리카에서는 포가라foggara라고 불린다. 특히 이란에서는 기원전부터 존재했기 때문에 투루판의 카나트도 서방기원으로 여겨지는 것이 많다. 그러나 중국 연구자 중에서는 중국 기원을 주장하기도 한다.

투르판에서는 지면에 노출된 수로를 이용하는 것은 물의 증발량이 많기 때문에 물의 안정적인 공급이 보증되는 카나트Qanat가 중요시 되었다. 그러나 현재는 하천에서 취수나 깊은 우물로부터의 펌프 양수揚水가 농업생산의 증대에 공헌하여 카나트와 교체되기 시작하고 있다. 향후 카나트를 어떻게 활용할지가 과제이다(久保田).

▌ 도1-3-9　중국 투루판 카나트(村越稔 제공)

9　산기슭에서 얻은 지하수를 증발하지 않게 긴 지하 수로를 통하여 먼 곳의 취락이나 경작지로 이끌어 지상으로 유출시켜 배수(配水)하는 것. BC 6세기 이전의 이란에서 시작하여 중앙아시아, 신강위구르자치구(新疆維吾爾自治區)·북아프리카로 전해졌음.

실크로드 전래의 문물

실크로드의 견마교역(絹馬交易)

전한前漢시대에 서역으로부터 전해진 대표적인 문물은 말과 그 사육법, 조교 방법, 기마전투기술이었다. 중국에는 BC 1500년의 은殷대로부터 마차나 전차에 사용된 재래의 소형마가 존재했으나, 기마전이 특기인 흉노匈奴에게 대항하려면 빠른 발을 가진 크고 힘센 말과 승마법, 기사騎射와 집단전 등의 기마전술이 필요했다. 전국시대戰國時代에 조趙의 무령왕武靈王이 전차전戰車戰이나 보병步兵전 외에 말을 타기 위한 호복胡服과 말, 기사騎射의 전법戰法 등을 도입한 것은 유명하다.

한혈마(汗血馬)의 도입

전한前漢의 고조高祖는 산서성山西省 대동大同의 백등산白登山에서의 전투에서 말을 탄 흉노군匈奴軍에 포위되어 묵돌선우冒頓單于와 굴욕적인 평화협정을 맺을 수 밖에 없었다. 매년 흉노匈奴는 한나라로부터 곡물이나 견직물 등의 의료衣料, 금은폐백金銀幣帛을 받고, 때때로 통혼通婚을 요구하여 황족의 여성인 공주를 선우單于에게 시집보낼 수밖에 없었다. 전한前漢왕조에서는 흉노匈奴와의 교섭과 무력 대결은 피할 수 없는 것이었다.

　장건張騫은 서역에 대한 정보를 가지고 BC 126년에 귀국한 뒤 다시 이리 伊犁 분지의 오손烏孫에게 사신을 보내, 대형의 천마天馬를 얻어 BC 115년에 돌아간다. BC 104년에는 장군 이광리李廣利가 파미르 고원을 넘어 페르가나 Fergana에까지 대형마를 구하기 위한 여행을 떠나, 한혈마汗血馬 등 준마駿馬 3천 마리를 가지고 돌아갔다. 선마善馬나 대형마大型馬, 만궁蠻弓과 기사騎射 전투 기술은 흉노匈奴에 대항하기 위한 필수 사항이었던 것이다.

　진시황제의 병마용갱兵馬俑坑에 보이는 전차를 끄는 말이나, 한漢의 황제나 귀족의 무덤에 부장 된 명기明器의 용俑을 관찰하면, 수컷 말, 암컷 말, 거세 말 등의 차이가 표현되었음을 알 수 있다. 중국 왕조에서 서역이나 북방 초원지대의 준마駿馬는 들여오고 싶은 대상이었을 것이다(도1-4-1).

동경의 대상: 비단

한편 서역 제국은 서방의 그리스, 로마, 페르시아와의 중계 무역을 위해서 중국의 희귀한 문물이 필요했다. 금은제의 장신구, 대금구帶金具, 비취翡翠나

┃ 도1-4-2 중국 신강 출토 견직물

구슬의 장식품, 오수전五銖錢이나 거울 등의 동제품銅製品, 칠기漆器 등이 전해
졌다. 특히 얇고 가벼워 보온성이 뛰어나며 촉감이 좋은 견직물은 서방의 사
람들이 동경하는 상품이었다. 트루판吐魯番분지나 타림塔里木분지의 유적에서
는 중국제의 견직물이 대량으로 출토되고 있다(도1-4-2). 하서회랑河西回廊
을 통해서 전해진 교역품 외에 한왕조漢王朝로부터 북방 초원의 흉노匈奴에게
전해진 견직물도 포함되었을 가능성이 있다.

  트루판의 아스타나묘지나 타클라마칸 사막의 소하小河묘지, 누란樓蘭묘지
등의 무덤에서 견직물로 된 의복을 몸에 걸치고 서역제의 펠트[10]나 견직물
의 카페트로 싸여 출토되는 인골은 대부분이 코카소이드이다. 이들은 교역
에 종사하면서 인접지와의 중계뿐만 아니라 멀게는 서아시아의 페르세폴리
스나 지중해의 안티오키아Antiochia, 로마까지 동양의 비단(세레스[11])을 운반

10 펠트(Felt) : 양모를 잣지(紡) 않고 압축해서 털에 붙어 있는 가는 털들의 꼬임으로 고정
시킨 천.
11 세레스(Seres 또는 Serica) : 고대 그리스·로마 사람들이 중국을 이르던 말. 본래 비단의
뜻인 '세르(ser)'에서 유래한다고 한다.

했던 것이다. 로마의 귀족이나 귀부인을 돋보이게 한 시스루[12]의 가벼운 의상은 중국제의 비단이었던 것이다.

이처럼 비단과 말은 실크로드로 옮겨진 동과 서의 대표적인 문물이기 때문에 동서 교역을 견마교역絹馬交易이라 부른다(岡內).

견·모직물의 제작과 교역

페르니난트 폰 리히트호펜Ferdinand von Richthofen[13]이 동서 교역로를 (Seidenstrassen=Silkroad) 라고 명명한 것은 비단이 가장 중요한 교역품으로 생각했기 때문이다. 현재에는 비단 이외의 교역품도 많이 알려져 있지만, 그래도 비단이 특히 가치가 높은 상품이었을 것이다.

누에와 뽕이 나는 중국에서는 옛부터 누에를 기르고 견사를 뽑아 직물을 만드는 기술이 있었다. 가장 오래된 견직물의 실물은 약 4700년 전 장강長江 유역 양저문화良渚文化유적에서 출토되었다. 당초에는 견사絹絲의 날실과 씨실(직물의 날과 씨)을 교대로 통과시켜 짜는 평견平絹이 만들어졌지만, 은殷대에 문양이 있는 능직물이 생겨났고, 한漢대에는 경금経錦이 만들어지기 시작한다. 경금은 날실에 몇 개의 색실을 사용하여, 세로 방향으로 연속된 문양을 짜는 기법이다. 이러한 비단이나 소지素地(직물의 바탕 또는 직물), 견사는 각지로 옮겨졌다. 신강위구르자치구新疆維吾爾自治區 민풍현民豊縣 니야尼雅유적(한漢~진晉대)에는 문양 사이에 한자의 길상구인 「王侯合昏千秋萬歲宜子孫」가 포함된 중국제의 경금経錦이 출토되었다(도1-4-3).

▌ 도1-4-3   중국 신강 니야유적 출토 견직물

---

12 시스루(see-through) : (천·옷 등이 얇아서) 속이 비쳐 보임. 또는 그런 의복.

13 독일의 지리학자로서 실크로드를 처음으로 명명하였다.

양잠기술은 점차 서방으로 전해져, 각지에서 견직물이 만들어지기 시작한다. 신강위구르자치구新疆維吾爾自治區 호탄의 단단윌리크Dandan Oylik유적(6세기경)에서는 「잠종서점전설蠶種西漸傳說」이 그려진 판화가 출토되었다. 중국의 왕녀가 호탄으로 출가할 때, 중국 국외로 반출이 금지되었던 누에와 뽕의 씨를 머리카락 속에 숨겨서 가지고 왔다는 전설이다. 그러나 서방에서는 견사絹絲의 성질상 경금経錦의 제작이 어려웠다. 그래서 모직물 기술을 기초로 가로방향으로 문양을 짜낼 수 있는 위금緯錦이 만들어졌다. 사산조 페르시아에서 제작된 위금緯錦은 로마나 중국에 전해져, 수·당대의 중국에서도 이 기술을 도입하였다. 나라시대의 일본에는 페르시아, 중국 양쪽의 제품이 전래되었다. 일본의 나라현奈良縣 호류사法隆寺에 전래하는 국보 「사기사자수문금四騎獅子狩文錦」은 연주문連珠文안에 말위에서 사자를 사냥하는 인물이 짜여진 페르시아의 도안이 사용되고 있다.

모직물의 역사

동물의 털을 이용한 모직물이나 펠트는 목축을 하는 사람들 사이에서 옛날부터 만들어졌다. 모직물은 동물의 털을 뽑아 실로 만들어 짠다. 펠트는 동물의 털을 모아 거기에 수분, 열, 압력을 가하면 섬유가 얽혀져 만들어진다. 두가지 다 현대 일상생활의 장에서 많이 사용되고 있다.

가장 오래된 실물의 융단絨毯은 러시아의 파지리크Pazyryk5호분(전 5세기말~4세기초)에서 출토되었으며 그 문양의 특징에서 페르시아산으로 판명되었다. 한편 1호분에서 출토된 펠트 벽걸이는 페르시아적 요소가 강한 문양이지만 현지산이다. 또 타클라마칸사막의 오아시스에는 중국으로부터 견직물이나 소지素地, 견사絹絲가 많이 전해져, 견직물 제작도 행해지고 있었다. 그러나 유적 출토 유물에는 모직물도 많다. 신강위구르자치구新疆維吾爾自治區 차말현且末縣 자군루크Zagunluke유적(BC 5세기-3세기)의 무덤이 발굴조사되었으며 출토된 미라는 모직물 의복을 입고 있는 것이 많다. 약강현若羌縣 누란유적(1-3세기)에서 목관아래 깔려있던 융단絨毯은 적, 황, 청색 등으로 물들인 모사를 사용하여 문양이 선명하다. 견직물을 입수할 수 있었음에도 현지에서 원재료를 조달할 수 있는 모직물이 많이 사용되었던 것이다.

모직물은 중국에서도 만들어졌지만 비단만큼 귀하게 여기지 않았다. 그러나 서역으로부터 복잡한 도안의 호화로운 모직물이 전해져, 귀족 등이 사용하기 시작하여 보급된다. 일본의 토우우다이사東大寺 쇼소인正倉院에도 전래된 화려한 문양의 모직물이 남아 있다(米澤).

페르시아에서 건너온 유리와 금은기

신라와 실크로드의 관계는 5~6세기의 고분과 그 부장품에서 뚜렷이 드러난다. 장대한 목곽과 돌로 쌓은 장대한 분구, 나무와 사슴뿔의 모양을 본 떠 만든 금관 등은 북방 유라시아의 문화를 연상시킨다. 무엇보다도 눈길을 끄는 것은 바로 수많은 유리제품이다.

경주의 금관총金冠塚, 금령총金鈴塚, 서봉총瑞鳳塚, 천마총天馬塚, 황남대총皇南大塚 등의 왕묘급 고분에서 다양한 유리잔, 유리완, 유리병 등의 용기가 출토되었다. 감색紺色·남색藍色·담녹색淡綠色·담황색淡黃色·다갈색茶褐色의 색조를 띠고 구갑문龜甲文·망목문網目文·파상문波狀文·컷트문切子文 등으로 장식된다(도1-4-4). 이러한 유리제품은 갑자기 신라에 출현하며, 같은 종류의 물품은 시리아, 이란, 이라크, 즉 옛날 사산조 페르시아의 땅에서 출토된다.

신라의 적석목곽묘에서 출토된 유리제품에는 이외에도 인물이나 백조를 상감象嵌한 장식구슬이 있다. 세계적으로도 드문 이 장식구슬은 남색 바탕의 지름 1.8cm 크기의 유리구슬로 경주시 미추味鄒왕릉지구4호분에서 출토되었다. 2~4명의 인물, 6마리의 백조, 꽃이 핀 나무가 백·황·적색의 유리로 표현되고 있다(도1-4-5). 이와 같은 유형의 제품이 적어서 내력이 확실치 않지만, 한때 로마의 속주屬州였던 흑해黑海 서안西岸지역이 생산 후보지이다.

석류석石榴石 등 보석이 상감 된 황금보검黃金寶劍은 서방에서 신라로 전

▌도1-4-4   신라 대릉원고분군 출토 로만 사산조 페르시아 유리기
(1. 황남대총 남분   2. 월성로가13호분   3, 4. 황남대총 북분   5. 천마총)(朴天秀 촬영)

해졌다. 경주시 계림로14호분에서 출토된 보검은 전체 길이 36cm이며 철제의 검신이 세선입금세공細線粒金細工과 홍색紅色의 석류석石榴石, Garnet으로 장식된다(도1-4-6). 같은 장식과 특이한 형상을 가지는 보검은 카자흐스탄공화국의 보로보예Borovoje, 이탈리아의 카스텔 트로지노Castel Trosino에서 출토되었다. 또한 신장위구르자치구의 쿰투라庫木吐喇석굴 제19굴은 같은 보검을 몸에 지닌 인물이 그려져 있다. 이 보검은 유라시아에 널리 분포되어 있으며

┃ 도1-4-5 경주시 미추왕릉지구4호분 출토 상감 구슬(오세윤 촬영)

비슷한 장식 기법이 베풀어진 각종 장신구
도 중앙 유라시아 이서지역에서 널리 출토
된다.

신라는 국가로 성장하여 한반도 통일
로 향하는 과정에서 서방세계와 활발히 접
촉했다. 위의 자료 이외에도 토제의 뿔잔과
자작나무 제품이 같은 맥락에서 이해할 수
있다. 인접한 백제와 고구려에서는 볼 수
없는 신라의 독자적인 문화이다.

커트切子글라스 등은 나라현奈良縣 카시
하라시橿原市 니이자와센즈카新沢千塚126호
분에서도 출토되었다. 신라와 서방세계의
관계는 일본에도 영향을 미친 것이다(宮
里).

서역의 유통화폐

실크로드를 통해서 전해진 것은 여러 가지
가 있다. 그 가운데 상인들에게 빠뜨릴 수

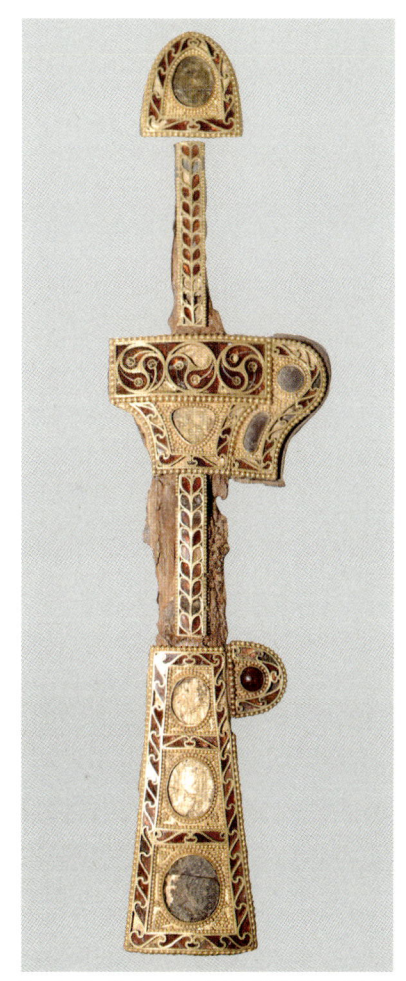

**┃ 도1-4-6 경주시 계림로14호분 출
토 금제 보검(朴天秀 촬영)**

63

없는 화폐가 있다. 실크로드의 중앙에 위치한 신강新疆을 예로 그 일면을 보자. 예부터 서역西域이라고 불린 신강新疆에는 전한前漢에서부터 36국의 오아시스 국가가 존재하고 각각의 나라가 동서교역에 중요한 역할을 담당하였다. 신강新疆에서 지금까지 출토되고 있는 화폐는 중국에서 들어온 동전, 현지의 전통 동전, 서방에서 전해져 온 코인, 이렇게 크게 세 종류로 나눌 수 있다.

중국의 동전

한대漢代부터 청대淸代까지 중국의 동화銅貨는 서역으로 이입되었다. 가장 오래된 것은 전한의 반량전半兩錢이다. 양적으로는 오수전五銖錢이 그 수가 많고, 분포 범위도 넓다(도1-4-7). 투르판吐魯番의 교하고성交河故城 옆의 구북묘지溝北墓地와 야르호트莎車고분군에서는 무덤 안에 부장되었다. 호탄和田의 마리카와티유적에서는 45kg이나 되는 오수전이 출토되었다. 당唐의 동화銅貨는 개원통보開元通宝가 대표적이며 천산산맥의 남북으로 넓게 유통되고 북송北宋의 동전도 같은 양상으로 출토되고 있다.

▎ 도1-4-7　중국 한대 오수전

서역의 전통 코인

가장 오래된 것은 호탄和田의 한구이체전漢佉二體錢이 있다. 기원1~3세기 무렵에 우전국干闐國에서 독자적으로 만들어졌다. 말과 낙타가 중앙에 그려져 있고 그 주위에 카로슈티 문자를, 반대측에는 한자로 무게와 액면가를 표기하고 있다. 코인은 타출[14]한 서방의 수법으로 만들어졌고 동서의 요소가 융합되어있다.

위진남북조魏晉南北朝는 중원의 정세가 안정되지 않아 신강新疆에도 중원의 화폐가 많이 유통되지 않았다. 구자국龜玆國에서는 중원의 방공원전方孔圓錢을 모방한 구자오수龜玆五銖, 구자소동전龜玆小銅錢 등의 코인이 만들어졌다. 구자오수는 한漢의 오수전을 모방하였고 앞면에는 한자로 오수, 뒷면에는 구자 문자가 새겨져 한구이체오수전漢龜二體五銖錢이라고도 불린다. 주형도 확인된 주조품이다. 투르판에서는 국씨麴氏 고창국高昌國에 의한 고창길리전高昌吉利錢이 유명하다. 예전에는 고창고성高昌故城에 가면 부근의 아이들이 이러한 코인을 팔러 오는 광경도 볼 수 있었다.

그 이후에도 카라한조나 차가타이한조의 코인 등이 만들어졌다. 카슈가르에서는 카라한조의 코인이 대량으로 발견되고 있다. 이러한 코인은 기본적으로는 신강新疆내부에서 유통된 것이다.

서방의 코인

쿠샨Kushan조의 금화, 사산Sasan조 페르시아의 은화, 동로마비잔틴Byzantium의 금화 등이 이입되었다. 동로마 금화는 호탄과 투르판에서 발견되었고, 특히 아스타나묘지에서의 출토 예가 비교적 많다. 묘주의 입안에 물리거나 손에 쥐게 하거나 했고, 화폐보다도 장송 의례 등에 사용되었다. 사산조 은화는 투르판吐魯番, 쿠차庫車, 우처烏拾 등에서 발견되고 있고, 특히 쿠차庫車에서는 산중에서 947매의 은화가 일괄로 발견되었다(도1-4-6). 서방의 코인은 신강新疆이외에도 청해青海, 섬서陝西, 내몽고內蒙古, 하북河北 등 중국 각지에서도

---

14   얇은 금속판 등을 안쪽에서 두드려 무늬를 겉으로 도드라지게 함. 돌을새김. 또는 거기 쓰는 틀.

출토되고 있다. 아마 신강新疆을 경유하여 전해졌을 것이다.

서역 경제에 큰 영향을 준 것은 중국의 화폐로 실크로드 교역의 발전에도 큰 역할을 하고 있었다. 더욱이 거기에 머무르지 않고 서방에도 유입되거나 양자를 융합한 것이 만들어지는 등, 실로 서역이 동서 교류의 결절점이었다는 사실을 잘 알 수 있는 예이다(宮里).

서역전래의 음악과 무용

실크로드 음악의 기원은 고대 메소포타미아까지 거슬러 올라간다. 초기왕조시대의 우르Ur의 왕묘로부터는 리라Lira와 궁형 하프Harp의 일부가 출토되었다.

사산Sasan조 페르시아의 궁정에서는 악사와 무용사, 곡예사가 존중되었다. 당시의 번영한 음악문화는 이란 서부의 타크에보스탄Taq-e Bostan유적의 벽화에서도 나타난다(도1-4-8). 사산조는 넓은 영토를 확보하고, 대륙 사이를 연결하는 교역로를 지배했기 때문에 그 화려한 음악과 무용도 실크로드 전역에 파급되었다. 『한서漢書』와 『진서晉書』의 기술로 볼 때, 한漢대에 서역 음악이 최초로 전래되었다고 생각된다. 수隋·당唐대에 본격적으로 서역음악이 전래되었다. 인도, 중앙아시아 등으로부터 음악과 무용이 전해졌고 중국의 음악과 무용이 섞이면서 발전되었다.

당시 예능문화의 양상은 석굴의 벽화에서도 엿보인다. 키질克孜爾석굴은 오아시스국가의 구자국이 번영한 지역에 있다. 석굴내에는 주로 인도 전래의 불교와 설법이 그려져 있다. 그 중에서도 제38굴은 「음악동音樂洞」이라고 하며 악인樂人이 집중적으로 그려진 것이 특징이다. 많은 기악천伎樂天이 악기를 연주하는 도안이 정밀하게 그려져 있어, 당시의 악기와 연주형태를 잘 전하고 있다. 키질克孜爾석굴은 인도·페르시아 양 지역의 영향을 받았지만 벽화에 그려진 것은 인도계의 악기가 많다. 또 한漢음악의 특징적인 생황笙과 거문고箏가 없는 것에서 키질에서는 아직 한화漢化의 파급이 이루러지지 않았음을 알 수 있다.

▌ 도1-4-8　이란 타크에보스탄 유적과 벽화(朴天秀 촬영)

　　한편, 시대는 떨어지지만 서역문화의 창구에 위치한 돈황敦煌의 막고굴莫
高窟 제220굴은 당唐대 양식으로 무리를 지은 기악천伎樂天이 거문고와 요고
(장구腰鼓), 횡적(피리橫笛) 등 여러 가지 악기를 연주한다. 제272굴은 북위北
魏굴이며 보살이 악기를 연주하며 춤을 추는 도안을 볼 수 있다. 중국의 전통
악기에 더하여 오현비파五弦琵琶 등 서역전래의 악기가 확인된다. 또 무인舞人

이 양 손을 두상에 얹어 머리와 허리를 구부린 모습에서는 서역과 인도 무용의 영향이 보여진다. 수隋대의 벽화에서는 양 손을 두상 위에 올려 손뼉을 치면서 춤을 추는 오늘날의 위구르족과 터키, 인도 북부의 무용과도 공통한다. 당시의 예능문화는 보편적이고 국제적으로 풍부한 내용을 보여준다.

이러한 음악과 무용은 더욱 동진하여 한반도와 일본에도 전래되었다. 토우다이사東大寺 쇼소인正倉院에는 서역 기원의 악기가 23종 100여 점이 수장되어 있고, 연대는 8세기까지 올라간다. 쇼소인 수장품은 마루가 높은 고상 창고에서 엄중하게 관리 보존된 전세품으로 내력이 명확한 점에서도 귀중한 문화유산이다.

당시의 음악과 무용은 현재까지 그대로 남아 있는 것은 아니지만 현존하는 악기와 벽화에 그려진 연주풍경 등에서 음악과 무용이 사람들에게 중요한 것이었음을 알 수 있다(阿部).

경주(慶州)와 나라(奈良)·쇼소인(正倉院)의 서역문물

일본의 나라奈良 토우다이사東大寺 쇼소인正倉院은 개봉에 칙사의 입회가 필요하다. 칙봉창勅封倉이기 때문이다. 나라奈良시대의 문물이 그대로 전세되어 왔다. 소장품 중에는 칠호병漆胡瓶과 유리완瑠璃碗을 비롯한 서역문물이 있다. 유리완은 쇼소인正倉院외에 나라현奈良県 카시하라시橿原市 니이자와센즈카新沢千塚126호분과 오오사카부大阪府 하비키노시羽曳野市 전傳 안칸릉安閑陵고분 등 출토품이 있으며 5세기대에 일본열도로 전래되었다.

쇼소인(正倉院)의 서역계 문물과 당대도(唐大刀)

이러한 유물 외에도 헌납품의 목록이 있다.『국가진보장国家珍寶帳』에 당대도 또는 [당양대도唐様大刀]로 기재된 도검군이 있다. 그중에서도 전체를 금세공과 결합구슬嵌玉 장식한 [금은전장당대도金銀鈿荘唐大刀]는 특히 화려한 칼이

|아악(雅樂)에 보이는 서역음악|

아악은 일본의 고전음악의 하나이다. 5~9세기에 중국과 한반도 등으로부터 전래된 여러 가지 음악과 무용에 일본재래의 가무가 서로 섞여 10세기경에 원형이 정형화되었다. 그 때문에 아악에는 일본열도 고래의 어신락御神樂과 대화무大和舞에 더하여, 대륙에서 전래된 음악과 무용을 원료로 하는 무용과 음악도 관현管弦(아악의 연주)된 고려악(고구려의 음악과 춤)과 당악唐樂이 오늘날까지 전래되어 연주되고 있다.

『일본서기日本書紀』에 남아있는 가장 오래된 기록은, 5세기 중엽에 신라로부터 악인이 도래한 기록이다. 또 아스카飛鳥시대에는 한반도 삼국의 음악과 기술이 널리 연주되었다. 고려악에 이어 당악唐樂도 전래되었다. 당악은 원래 당唐의 궁정음악으로 서역전래의 음악과 무용을 포함한 유라시아대륙 음악을 집대성한 복합적인 음악과 무용이다. 그것들이 일본에도 전해져 풍토에 맞는 형태로 변용되고, 전통예능이 되었다. 실크로드의 교류와 물품뿐만 아니라 음악과 무용과 같은 예술문화에도 큰 영향을 미쳤다.

현재 아악은 전국의 사원과 신사에서 연주된다. 또 현대 아악이라고 하는 새로운 장르도 만들어지고, 일본국립극장에서 연주를 들을 수 있다(阿部).

다. 이러한 당대도의 특징은 칼집에 p자형 또는 b자 모양의 특징적인 금구金具를 장착하고 있는 것이 특징이다. 같은 것은 나라현奈良県 타카마츠즈카高松塚고분에서도 출토된 것으로 8세기 전반의 제품이다. 이 모양의 칼은 당唐대 벽화에서 찾아 볼 수 있으며 조형은 북제北齊나 북주北周에서 확인할 수 있으며 수隋·당唐이 중국을 통일하는 과정에서 중국의 도장구刀裝具로서 확립되었다.

경주에서 중국, 중앙아시아로

중국과 일본열도 중간에 위치한 한반도에서는 당대도唐大刀 자체는 알려져 있지 않다. 그러나 간접적인 자료는 존재한다. 그 중 하나는 신라의 왕도였던 경주 교외에 위치한 괘릉掛陵의 무인상이다. 원성왕릉元聖王陵으로 여겨지는 8세기 말의 원분으로 무덤의 참배길에는 좌우로 2개체씩 문관과 무관의 석상이 줄지어 있다(도1-4-9). 2개체의 무관 중 앞 측의 석상은 풍부한 수염을 기르고 칼을 휴대한 호인胡人의 특징을 나타내고 있다. 비바람에 풍화되어 명료하지는 않지만 이 호인이 지닌 칼의 칼집에는 두 가지의 돌기가 보여 당唐대도의 특징을 보이고 있다.

또한 우즈베키스탄공화국 사마르칸트의 아프라시압Afrasiab에서 발견된 7세기대 벽화에는 중국과 고구려의 사절이 패용하고 있는 p자형의 금구를 장착한 당唐대도가 그려져 있다. 호인의 고향인 사마르칸트와 한반도가 교섭하고 있던 것을 나타냄과 동시에 당唐대도가 사용된 것을 보여주는 자료이다.

7세기부터 8세기 동아시아에서는 이 모양의 칼이 널리 채용되고 있었던 것 같다. 또한 이란고원 출토로 전해지는 텐리참고관天理參考館소장 칼에도 마찬가지의 금구가 장착되어 있다. 동아시아는 물론 중앙아시아, 서아시아의 범위에서 같은 모양의 금구가 분포하고 있는 점이 흥미롭다. 이러한 금구의 기원은 불분명하지만 중앙아시아와 이란고원이 원류일 가능성이 지적되고 있다. 8세기 초에 전래된 당唐대도들은 그 뒤로 모방품이 제작된다. 서역에서 실크로드를 거쳐 중국에서 성립된 당唐대도가 멀리 바다를 넘어 일본열도에 뿌리를 내린 것이다(持田).

■ 도1-4-9   경주시 원성왕릉과 호인
석상(朴天秀 촬영)

실크로드의 발굴조사와 연구

와세다 대학의 실크로드 합동조사

투르판 차사전왕국묘(車師前王國墓)의 발굴과 유물

와세다早稻田대학 실크로드 조사대는 1991년에 신강문물고고연구소新疆文物考古研究所와 공동으로 실크로드의 종합조사를 실시해왔다. 1994년부터는 투루판 교하고성의 남쪽에 위치하는 네크로폴리스의 야르호트莎車고분군을 조사대상으로 하고 햇수로 10년에 걸쳐 꾸준히 현지 조사를 반복해왔다. 이 묘지에서 가장 오래된 묘는 기원전으로 올라가는 차사전국車師前國시대의 횡혈토광묘橫穴土壙墓이다. 1996년에 성남구城南區에 차사전국시대의 횡혈토광묘가 존재한 사실을 확인하고 23기를 발굴조사하였다. 그 중에 2기로부터 황금제품과 오수전五銖錢, 동경銅鏡, 다른 묘에서는 오수전과 동기銅器, 철기 등이 출토되었다. 이러한 출토유물은 전한前漢시대의 동서남북간의 교류를 보여주는 귀중한 역사자료이다.

유구와 출토유물

JV I 구역 1호묘는 횡혈토광묘로 전체 길이 260cm, 폭 142~150cm, 현존 깊이는 머리 쪽에서 25cm, 발치 쪽에서 50cm이다. 묘에서는 금제 목걸이choker(목

에 꼭 맞는 길이의 목걸이), 금제 반지指輪, 터키석 상감의 이식(피어스), 성
운문경星雲文鏡, 백옥제 장식과 패제貝製 장식이 출토되고 있다. 토기에는 파
수가 붙은 관罐(장군:배가 불룩하고 목 좁은 아가리가 있는 질그릇), 발鉢, 분
盆(동이모양 질그릇) 등이 있다.

JVⅠ구역 16호묘에서는 앙와신전장仰臥伸展葬[15]의 인골 1구를 발굴하였다.
묘광은 전장 276cm, 폭 130~142cm, 깊이 170cm이다. 묘광이 깊기 때문에 교
란과 도굴되지 않고 매장된 상태 그대로 출토될 수 있던 것은 정말로 행운이
었다. 묘광의 서측 두부 쪽에서는 발鉢, 분盆, 단이관單耳罐이 부장되었고, 발
밑에는 말의 두개골과 대퇴골이 남아있었다. 금제의 두식頭飾, 대금구帶金具,
족식足飾, 이에 더
하여 녹송석綠松石
(터키석)제 수식
首飾, 오수전五銖錢,
철촉鐵鏃 등이 원위
치를 보존하며 출
토되었다. 종래는
뉴紐 금구로 추정
되어왔던 소형의
대금구가, 발치 쪽
에서 좌우에 1개
씩 원위치에서 출
토되어, 용도의 실
제 사례를 보여주
는 좋은 자료가 되
었다(도1-5-1).

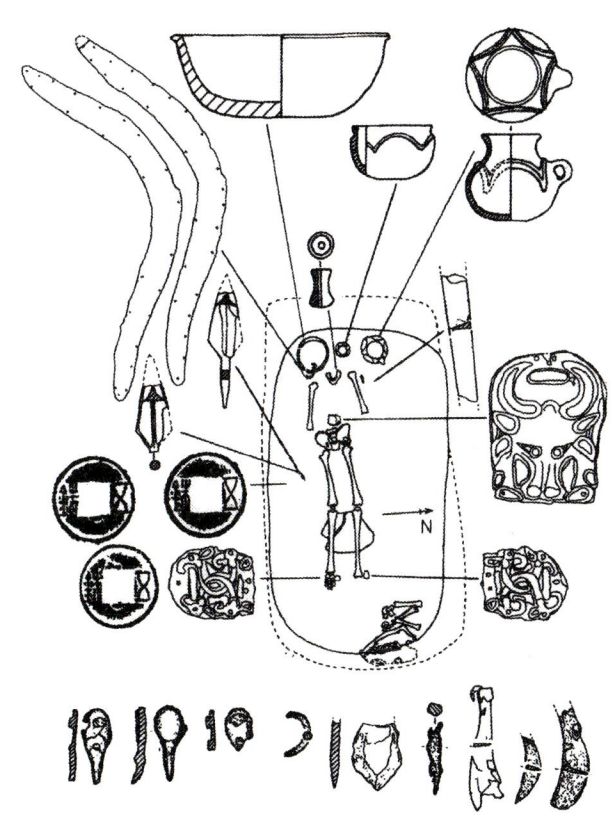

▌ 도1-5-1   중국 신강 야르호트고분과 출토 유물(岡内三眞 원도)

15   시신을 묻을 때, 두 다리를 뻗힌 채 위를 향하게 하여 매장하는 것

야르호트莎車고분군의 조사 내용을 토대로 차사전국의 사회와 문화에 대해 살펴보도록 하자.

교하고성交河故城을 둘러싼 묘의 입지에서 볼 때, 구북構北묘지와 성내구城內口묘지, 성남구城南口묘지에서의 계층차이를 인지할 수 있다. 구북묘지는 왕족의 묘, 성남구는 귀족의 묘, 성내구의 묘는 미발굴되었지만 유력한 귀족과 관료의 묘라 할 수 있다. 묘에서 출토된 토기는 지역색이 강하고, 투루판 지구의 지역적 특징을 가진다. 유약이 발리지 않은 초벌구이한 상태로 재지색이 강한 점이 특징이다. 부식되었기 때문에 남아있는 사례는 드물지만 목재, 갈대 등의 식물제품, 골기, 패제품은 당시의 투루판 주위의 자연환경을 보여주는 자료이다. 금, 은, 동제품과 목제품, 골기의 장식은 야생동물을 주제로 한 도안이 많고, 마구와 수렵도구로 볼 때 논경과 목축을 기본으로 하면서 교역을 행한 사회이다.

도읍인 교하고성交河故城에는 금제품, 동제품, 철제품, 골기, 목기가 풍부하게 출토되어, 교역에 의해 경제적 이윤을 얻은 사실을 보여준다. 이러한 유물중에 오수전, 성운문경 등 전한前漢대의 문물은 도읍인 교하고성을 중심으로 분포한다. 중국과 서방제국과의 교역에는 왕권이 관여하고 있었다고 상정할 수 있으며 시기는 출토품으로 보아 BC 110년~60년 무렵으로 비정할 수 있다.

금제품이 출토된 무덤가운데 구북묘지의 횡혈토광묘는 규모가 대형이며, 방형 배총陪塚과 원형의 동물 희생갱을 수반하는 대왕묘이다. 금제품이 출토된 야르호트莎車의 소형수혈토광묘는 중급의 귀족묘로 보여진다.

당시의 서역은 왕을 중심으로 하는 계층차를 가진 소국이 실크로드를 연하여 점재하고 있었다. 이러한 나라들을 중계지점으로 사람과 문물, 사상 등이 동서로 교류한 것이 실크로드의 실태였다고 생각된다(岡內).

교하고성(交河故城)과 야르호트(莎車)고분군

교하고성交河故城은 투루판 시가에서 서쪽으로 10㎞ 야르나이즈강의 가운데 높이 30m의 언덕 위에 쌓아 올린 성으로 구서溝西(야르호트)라고도 한다. 2개의 강이 만나는 곳의 사이에 끼어있으므로 이렇게 불린다. 강을 거슬러 올라가 천산天山을 넘는 길은 옛부터 천산산맥天山山脈의 북쪽으로 통과하는 북방 유목민의 진입로이기도 했다.

천산산맥 중부에 있던 차사인車師人은 전후 두 시기로 나누어지는데, 앞 시기의 수도가 교하交河였다고 『사기史記』 『한서漢書』 등에 기록되어 있다. BC 66년경 한漢은 차사인車師人을 지배하는 흉노匈奴를 내쫓고 차사둔전車師屯田을 두었다. 그리고 전한前漢 말기에 서역의 둔전屯田의 행정기구인 무기교위戊己校尉를 교하성交河城에 설치한다.

그 후 교하성은 흉노에게 탈환되어 무기교위戊己校尉가 고창성高昌城으로 이동하고 교하交河는 차사전국車師前國의 왕도王都로서 「서역북도西域北道」의 출발점이 되었다. 진대晉代에는 고창군高昌郡의 관할 하에 있었으며 후에 고창국高昌國에서는 교하군交河郡, 당唐대에는 교하현交河縣이 되어 안서도호부安西都護府가 설치되었다. 당唐 후기에는 고창高昌 위구르가 교하주부交河州府를 두어 원대元代에 폐기될 때까지 정치적인 거점이었다.

교하고성(交河故城)의 구조

교하고성交河故城의 대지는 평면이 유엽형柳葉形으로 면적은 약 50만㎡이다. 대지의 중남부에 관청이나 주거구역이 집중해 있는데, 가옥이나 도로는 자연지형을 이용하여 지반을 파서 만든 구조이다. 동, 남, 서에 성문이 있고 남문으로부터 전역을 통과하는 중앙대로 350m가 이어지며 작은 길이 몇 개나 연결된다. 북부는 탑림塔林 등이 있는 불교사원이 집중적으로 분포한다. 그 북쪽의 묘지에서는 대형의 무덤이 다수 발견되고 있다. 서북단에는 지하사원이 있으며, 여기에서 벽화가 일부 남아 있었다(도1-5-2). 현재의 교하고성

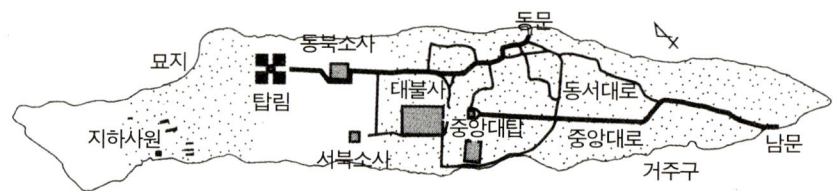

■ 도1-5-2 　중국 신강 교하 고성(하: 岡內三眞 원도)

交河故城은 기본적으로 당대에 형성되어 거기에 이어지는 고창高昌 위구르 시기의 건축이 많이 남아 있다. 유네스코의 지원으로 일본의 나라문화재연구소奈良文化財硏究所와 중국의 신강문물고고연구소新疆文物考古硏究所가 조사하여 일부는 보존 처리가 실시되고 있다.

야르호트(莎車)고분군

교하고성交河故城 주위의 대지상에는 천불동千佛洞, 야르호트莎車고분군으로 총칭되는 구북묘지溝北墓地 및 구서묘지溝西墓地 등이 있다(도1-5-3). 천불동에는 신강新疆에서 유일한 돌궐突厥 문자의 제기題記가 남아있다. 구북대지溝北臺地 1호묘지에서는 대형무덤과 그것을 에워싸는 순장殉葬갱에서 말과 낙타의 희생犧牲이 발견되고 있다. 동물문動物文의 금은제金銀製 장식품과 한漢의 오수전五銖錢 등이 출토되어, 전한前漢대의 차사국車師國의 왕묘로 생각된다.

　　구서묘지溝西墓地는 고성故城 서쪽의 대지에 분포하는 대규모 묘지로서 1994~1996년에 와세다早稻田대학과 신강문물고고연구소新疆文物考古研究所 가 공동으로 조사하였다. 묘지는 대지상에 남북 3㎞, 동서 1㎞의 범위에 분 포하며 전한前漢에서 당唐에 걸쳐 2,000기 이상의 무덤이 확인되었다. 국 씨麴氏 고창국高昌國(6세기)에서 당대唐代 서주西州(7세기)의 무덤이 대부 분으로 중원의 무덤축조 방법을 도입했음이 밝혀졌다. 묘역은 돌을 둘려 구 획하고 하나의 구획 내에는 혈연관계에 있는 친족이 매장되었던 것을 확인 할 수 있다. 묘지는 교하고성交河故城에서는 잘 보이지 않지만, 주거지역의 위 에서 보면 묘지가 넓게 분포하고 있는 것을 알 수 있을 것이다. 당시의 사람 들도 날마다 죽은 사람을 그리워하며 묘지를 바라보고 있었던 것은 아닐까.

　　와세다대학 실크로드 조사대의 조사에서는 모든 무덤을 관찰하여 기록 하였고, 조사 당시 들판이 되어 황폐화된 무덤에서 전한前漢의 오수전五銖錢 이 우연히 발견되어 주위를 자세하게 조사하자, 오래된 시기의 무덤이 집중 하고 있는 것이 확인되었다. 발굴에 의해서 동물문動物文이 있는 금제품이나 전한前漢의 성운경과 오수전五銖錢, 남해산南海産의 조개제품 등이 출토되었다

(도1-5-3). 이것들은 한漢대의 동서교류를 증명하는 귀중한 자료로서 황무지에서의 충실한 조사가 큰 발견으로 연결되었던 것이다(後藤).

한(漢)대 장성(長城), 관(關), 봉화대(烽火臺)

「장성」이라고 하면 벽돌로 쌓은 「만리장성」의 이미지를 상상한다. 절석과 벽돌로 쌓은 성벽은 명대明代에 만들어진 북경근교의 팔달령장성八達嶺長城 등이 유명하다. 장성은 전국시대 북변의 각국이 개별적으로 조영하였고, 진시황제가 북방계민족의 침입에 대한 방벽으로서 재정비하여 연결하였다. 이때의 장성은 인마人馬의 침입을 막는 정도의 높이의 돌과 흙으로 만든 벽이었다.

장성(長城)과 관(關)

그 후 전한의 서역경영에 따라 장성은 서쪽과 연장되어, 옥문관玉門關 또는 양관陽關이라고 불리는 최서단의 관문이 돈황敦煌 교외에 설치되었다. 옥문관의 명칭은 서역 특산의 옥玉이 이 문을 통하여 도시에 들어왔기 때문에 붙여졌다. 서방의 문물이나 한漢의 면직물 등이 교역되어, 실크로드의 입구로서 기능을 한다.

옥문관이나 양관 부근에는 한漢대 장성이 당시의 모습 그대로 남아있다. 흙이나 자갈과 갈대를 교호로 쌓고 굳힌 간단한 공법으로 만들어졌으나, 비가 적고 극단으로 건조했던 이 지역에서는 견고한 벽으로서 충분한 기능을 했다(도1-5-4). 또한 관이나 장성에 따른 봉화대가 설치되고, 봉화에 사용한 장작이 쌓여진 채 남아있다.

서역의 봉화대

「천산남로天山南路」의 연선에는 윤대輪臺에 전한의 서역도호부西域都護府, 구자龜玆에 당唐의 안서도호부安西都護府가 설치되었기 때문에 한漢과 당唐대의 봉

▌ 도1-5-4   중국 신강 한(漢)대 장성(岡內三眞 제공)

화대가 많이 남아있다.

신강위구르자치구新疆維吾爾自治區의 윤대현輪臺縣과 쿠차현庫車縣지역에 위치한 납의소拉依蘇유적에 성벽이 일부 남아있고, 건물지에 둘러싸인 한漢대와 당唐대의 2기의 봉화대가 남아있다(도1-5-5). 한대 봉화대는 장성과 같이 갈대 등의 식물을 넣은 흙의 판축으로 쌓았다. 한편 당대의 봉화대는 건조벽돌로 쌓아 시대에 따라 축조방법의 차이가 있다. 유적에는 둔전屯田이 동반된 건물에 수비하고 있던 병사들이 자급자족 생활을 하고 있었던 것으로 보인다.

서역의 실크로드를 따라 이처럼 봉화대가 수 km 마다 설치되었다. 이민족의 대규모 침공이 있으면 최전선에서부터 봉화를 올리면 수천km 떨어진 도시까지 3일이면 알려졌다. 동서 실크로드 교류의 배후에는 서역제국이나 북방계민족과의 끊임없는 긴장이 있었기에 중국 왕조측은 장성과 봉화대, 현성과 관關이라는 경계 체계로 대응하였다(持田).

■ 도 1-5-5　중국　신강 납의소(拉依蘇)유적의 한(漢, 상)대와 당(唐, 하)대 봉화대(岡內 三眞 제공)

|영반(營盤)유적의 답사|

와세다대학 실크로드 조사연구소는 한漢대의 서역도호부에 관한 조사이외에도 여러 지역, 시대의 유적조사를 실시해왔다. 2005년 5월에 방문한 영반營盤유적은 위리현尉犁縣의 시가지에서 동남으로 약 150㎞의 공작하孔雀河 북안에 위치한다. 근년 신강문물고고연구소新疆文物考古研究所의 발굴조사에서 마스크를 쓴 남자의 미라가 출토되어 주목받았다. 유적의 연대는 한漢~진晉대로 고이륵庫尓勒과 누란樓蘭의 중계지점이었다고 생각된다. 공작하孔雀河와 유적이 있는 대지 사이에는 사막이 펼쳐져있다.

유적에는 고성지, 봉화대지, 사원지, 무덤이 있다. 아쉽게도 이름이 알려져 도굴이 계속되었던 것 같다. 무덤이 파괴되어 인골이 훼손되고, 짜여진 목재나 목관이 노출되었다. 사막이 있는 유적의 유지관리는 어렵겠지만, 어떻게든 이 귀중한 유적이 지켜지길 바란다(米澤).

벽화고분으로 생활을 복원한다

중국의 고분벽화

중국의 묘실벽화의 기원은 BC 2세기 초 전한시대의 공심전묘空心塼墓에서 시작한다. 스탬프로 사람이나 동물, 기하학문을 음각하여 시문한 장방형 중공의 대형전을 쌓아 만든 횡혈식묘실橫穴式墓室로 음각문양에 채색한 예가 있다. 후한시대가 되면 화상석묘畵像石墓가 출현하여, 선각이나 부조와 함께 채색이 베풀어져 이승과 저승의 생활을 주로 그린다.

회반죽 벽화의 등장

후한後漢의 늦은 시기에서 삼국三國시대에 걸쳐 석실의 벽면에 회반죽을 바르고 그 위에 채색을 한 벽화가 등장한다. 무덤에는 전실, 후실 외에 이실耳室과 측실側室 등 복수의 방을 가지는 복실묘가 나타나고, 일반적으로 묘도나 후실, 아치, 벽, 천장 등의 부위에 벽화의 주제를 나누어 그리고 있다. 낮은 벽면에는 피장자의 생전세계, 상단에는 사후세계, 천장에는 별자리나 해와 달을 그려 우주를 표현한다.

남북조시대에는 무덤의 규모가 한층 더 커져, 전실, 중실, 후실과 좌우의 측실을 가지는 복잡한 구조로 발전한다. 피장자의 초상, 생전의 화려한 생활,

사신四神이나 신선, 일월성신日月星辰을 그리는 것 외에 주인의 이름이나 생전의 관직, 공적 등을 묵서한다. 하서회랑河西回廊의 감숙성甘肅省 일대에서 내몽고를 거쳐 고구려까지 공통된 일상생활 풍속, 사신, 일월성신을 그린 벽화무덤이 출현하고 있다.

당대의 황하 중류역에서는 황족이나 귀족의 대형묘, 호족이나 관료, 군인의 중형묘, 부유한 상인이나 지방 유력자의 묘 등에 벽화가 그려져 있다.

영태공주永泰公主, 장회태자章懷太子, 이수묘李壽墓 등 황족의 묘는 분구나 묘실, 석곽의 규모가 장대하다. 벽화의 규모도 크며 안료는 정선되었으며, 표현기법이 정치하고 격조가 높은 일급품이다. 황제의 자식인 태자나 공주의 벽화에는 묘도의 선단에 청룡과 백호가 그려지고 뒤쪽으로 주홍칠의 문궐(문과 궁

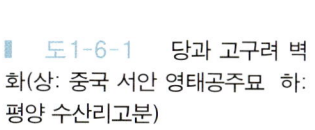

도1-6-1　당과 고구려 벽화(상: 중국 서안 영태공주묘　하: 평양 수산리고분)

궐)이 그려진다. 묘실로 향하면 의장대나 군인, 관료가 맞이한다. 도중에는 장려한 건축물, 누각, 정, 궁전 등을 표현하고 있다(도1-6-1).

수문장을 그린 묘문을 열면 궁녀나 의관(내시)이 기다리고, 사자가 지키는 마지막 문을 열면, 묘주인 부부가 매장된 현실공간이 나타난다. 후벽중앙에 주인 부부의 좌상이 정면을 향해 그려진다. 좌우에는 시녀가 대기하고 공물을 바치거나 악기를 연주하며 시중을 들고 있다. 현실에는 밖과 통하는 아치형의 문이 있는데 여성이 타는 우차와 남성이 승마하는 장식마가 그려지는 경우가 많다. 무덤을 현세와 내세를 잇는 중요한 장치로 생각하였던 것이다.

동방으로의 전파

벽화고분은 중국 북방지역을 통하여 내몽고나 한반도까지 전파되었다. 고구려의 고분벽화는 중국의 남북조에 해당하는 5세기에 시작한다. 초기에는 인물이나 풍속, 건축 등을 그리며 수렵도나 전투도, 기마출행도 등에는 중국의 영향을 읽어 낼 수 있다. 시기가 내려오면 불교적인 색채가 나타나 불제자가 된 묘주부부나 불상, 천인天人, 신선神仙이 그려진다. 7세기에는 사신四神이나 일월성신日月星辰이 더해지고, 후기에는 인동당초문이나 연화문 등 불교적인 식물문양의 표현으로 마무리된다.

나라현奈良縣 아스카촌明日香村의 키토라キトラ고분이나 타카마즈즈카高松塚 고분에서 발견된 벽화는 동아시아의 벽화무덤과 이어지는 내용을 갖추고 있다. 벽면에 회반죽을 바르고 그 위에 안료로 극채색의 벽화를 그려 금은으로 장식하고 있다. 인물이나 십이지상十二支像, 금으로 태양, 은으로 달, 주선朱線으로 연결된 별자리 등은 중국의 전통적인 내세관을 훌륭하게 나타내고 있다. 타카마즈즈카에서 출토된 해수포도경海獸葡萄鏡과 도금한 당唐식 대도 등은 당唐대 전기 유물이다. 그럼에도 키토라고분과 타카마즈즈카의 묘실은 좁고 작아 도저히 중국 벽화무덤의 규모나 내용과는 비교되지 않는다.

묘실의 벽화도 다른 문물과 마찬가지로 실크로드를 거쳐 중국으로부터 한반도나 일본으로 전래되었을 것이다(岡內).

벽화를 통해 본 소그드(Sogd)인들의 삶

소그드(Sogd)인은 누구인가

최근 중국의 개발 붐에 따라 각지에서 유적 긴급조사가 잇따르고 있다. 그 중에는 소그드인 또는 조로아스터교도의 무덤을 포함하여 특히 벽화자료가 많은 점에서 화제를 모으고 있다. 벽화에 대해 언급하기 전에 우선 소그드 Sogd인과 조로아스터교Zoroastrianism에 대해 살펴보자. 중앙아시아를 관류하는 2개의 큰 강인 시르다리야Syr Darya과 아무다리야Amu Darya는 건조한 사막지대에 물을 공급하였다. 비옥한 토지를 기반으로 각지에 도시가 출현하고 도시간을 잇는 교역망이 발전하였다. 이 땅에는 소그디아나Sogdiana, 트랜스옥시아나Transoxania 등과 같은 특별한 호칭이 부여되었다. 이 소그디아나는 [소그드인의 땅]이라는 뜻이다. 소그드인들은 중국 사료에 [홍모벽안紅毛碧眼]으로 표현되는 이른바 백인이다. 언어는 이란어파에 속하는 소그드어이며, 소그드문자는 아케네메스조 페르시아의 공용어였던 아랍문자에서 유래하였다. 이슬람화된 투르크인들이 중앙아시아에 퍼져 투르크어가 주류가 될 때까지는, 소그드어, 소그드문자가 공용어로 사용되었다. 이것은 소그드인이 실크로드 무역상으로 활약하고 있었기 때문이며 그들이 각지에 끼친 영향의 강도를 파악할 수 있다.

소그드인들은 조로아스터교Zoroastrianism를 믿고 있었던 것으로 알려져 있다. 조로아스터교는 현교祆教라고도 불리며 제사의식에 불을 사용하기에 화교火教라고도 불린다. 그 기원은 불교佛教나 기독교보다 오래되어 마니교 Manichaeism와 다른 종교에 영향을 주었다. 하지만 그 교리내용은 경전인 아베스타Avesta가 전체의 4분의 1정도밖에 전해지지 않기 때문에 전체를 알 수 없다.

최근 발견된 벽화는 조로아스터교도가 자신의 세계관과 종교관을 그렸다는 점에서 학술적가치가 매우 높은 자료이다.

발굴된 대표적인 예로는 안가묘安伽墓, 우공묘虞公墓, 사군묘史君墓, 강업묘康業墓, 이탄묘李誕墓등이 있다. 표현된 벽화의 내용은 무덤에 따라 내용도 다양해진다. 크게 나누어 생전生前과 사후死後의 세계로 나뉜다. 여기에서는 생전의 삶에 주목하고자 한다. 2000년 5월 서안시西安市의 외곽에서 발견된 안가묘安伽墓에서 무덤 실내에 ㄷ자형으로 배치된 총 12폭의 돌로 만든 석제병풍이 출토되었다.

제1, 12폭의 출향도에는 소달구지와 말과 함께한 사람, 등에 짐을 얹은 당나귀와 그 옆을 따라가는 인물들이 그려졌다.

제2, 10폭의 수렵도에는 말을 탄 남성이 활을 당겨 멧돼지, 사슴, 호랑이 등 다양한 동물을 조준하는 모습이 그려져 있다.

제4, 5, 9, 11폭은 연주문 장식 카펫에 앉아 맛있는 음식을 앞에 두고, 술잔을 손에 들고 마시는 모습이 보인다. 한편으로는 비파, 하프와 장고, 횡적橫笛 등의 반주에 맞추어 춤을 추는 남성을 볼 수 있다. 이 춤은 호선무胡旋舞 및 호등무胡騰舞라고 불리는 서역의 춤이다. 호선무는 회전을 중심으로 한 춤이며 돈황敦煌 막고굴莫高窟에 있는 당唐대 벽화에도 많이 그려져 있다. 한편 호등무는 뛰어다니는 역동적인 춤으로 보인다. 이렇게 안가묘에는 생전의 생활을 묘사한 벽화가 많고, 조로아스터교의 제사 장면은 그려져 있지 않은 점이 특징이다(도1-6-2).

한문사료에서 강康·안安·미米·사史·석石 등의 성의 경우 소그드인 또는 소그드계의 인물일 가능성이 크다. 이 성은 중앙아시아의 오아시스 도시의 한자 이름에서 따온 것이다. 강국康国-사마르칸트Samarkand·안국安国-부하라Bukhara·미국米国-마이무르그Maymurgh·사국史国-케쉬Kesh·석국石国-타슈켄트Tashkent에 해당한다. 위에서 언급한 무덤에서도 이 성이 보인다. 당나라를 뒤흔든 안사安史의 난乱의 주모자인 안록산安禄山과 사사명史思明도 소그드

인계로 보인다(川畑).

당나라 벽화와 키토라고분(キトラ古墳), 타카마츠즈카(高松塚)

1972년 3월에 발견된 나라현奈良縣 아스카촌明日香村에 위치하는 타카마츠즈
카高松塚고분은 그 무덤 실내에 극채색의 벽화가 그려져 있던 것으로 제2차
세계대전 이후 최대의 발견이다. 또 1983년에는 아스카촌明日香村의 키토라キ
トラ고분에서 내시경 조사 결과, 무덤 실내에 벽화가 그려져 있는 것이 확인
되었다. 현재로서는 일본의 벽화고분은 이 두 기의 고분뿐이다.

타카마츠즈카高松塚고분 벽화는 횡구식석곽橫口式石槨의 잘 연마된 응회암凝灰巖의 절석 표면에 석회를 바르고 그 위에 벽화를 그렸다. 과거에 도굴되어 남벽은 크게 손상되어 벽화를 알 수 없다. 벽화내용은 사신도四神圖, 성숙도星宿圖, 일월도日月圖, 인물군상도人物群像圖이다. 천장 중앙에는 자미원紫微垣16과 성숙도星宿圖가 그려져 있다. 북벽에는 현무玄武, 동벽에는 청룡靑龍(상부에 일상日像), 서벽에는 백호白虎(상부에 월상月像)의 사신도四神圖가 그려져 있다. 남벽에는 본래, 사신의 한 종류인 주작朱雀이 그려져 있었을 것이다. 또 동벽과 서벽에는 사신도四神圖의 남북으로 4명의 여자군상북쪽, 4명의 남자군상남쪽이 그려져 있다. 특히 서벽의 여자군상은 「아스카飛鳥미인」이라고 칭해져 타카마츠즈카高松塚고분 벽화를 대표하는 그림이다(도1-6-3).

한편 키토라고분キトラ고분 벽화는 사신도四神圖, 일월도日月圖는 타카마츠즈카高松塚와 같지만, 인물군상도人物群像圖가 없고 대신 십이지상十二支像이 그려지고 성숙도星宿圖가 본격적인 중국식 천문도인 점이 타카마츠즈카高松塚와 다르다. 동서남북의 벽에는 청룡, 백호, 주작, 현무를 그렸고 동벽에는 일日상, 서벽에는 월月상이 더해진다. 4면의 벽에 수면인신상도獸面人身像圖가 있

■ 도1-6-3　일본 나라현 다카마츠즈카고분 벽화

16　큰곰자리를 중심으로 170개의 별로 이루어진 별자리

어 동벽의 인부터 각 벽 3개체씩 합계 12개체의 십이지도를 그린 것으로 보인다(도1-6-4).

다음은 양 고분벽화의 원류로 여겨지는 중국당대의 벽화고분을 보자. 중국의 벽화무덤은 수·당시대가 되면 내용·수·규모가 융성하여 당 문화의 중심지인 섬서성陝西省에서는 60기 이상을 헤아린다. 일반적으로 타카마츠즈카高松塚벽화와 비교되는 영태공주묘永泰公主墓를 비롯해 당의 벽화무덤은 규모가 크다. 무덤내부가 복잡한 구조이며 묘실墓室·용비俑·용도甬道·과도過道·묘도墓道의 각 벽면에 벽화가 그려진다. 벽화에는 사신도四神圖, 천문도天文圖, 인물도人物圖가 있는데, 궁성의 모습을 그린 건축도建築圖, 의위儀衛·의장도儀杖圖, 수렵도狩獵圖 등 다종 다양하다. 그러나 십이지상이 벽화에 그려지는 것은 일반적이지 않고, 십이지용의 부장이나 묘지의 뚜껑에 선각되는 경우가 있다. 타카마츠즈카高松塚와 키토라キトラ고분 벽화의 직접적 원류에 관해서는 당과 고구려의 두 가지 설이 있어 결론은 나지 않고 있다. 향후의 연구나 사회로의 공개를 위해서도 양 고분벽화가 잘 보존되어 활용되기를 바란다(中條).

■ 도1-6-4　일본 나라현 기토라고분
과 벽화

1972년의 타카마츠즈카^{高松塚}고분 벽화의 발견에 이어 1983년에 키토라^{キトラ}고분에서도 현무상이 발견되어 귀중한 벽화를 보호할 수 있도록 대책을 강구해왔다. 그러나 타카마츠즈카^{高松塚}고분에서는 석곽 내에서 대량으로 곰팡이가 발생한 것을 계기로 벽화의 보존 방법의 재검토가 요구되었다. 다양한 안 가운데 벽화의 보존을 우선하기 위해서, 석곽을 해체하여 벽화의 보존처리를 할 방침이 결정되었다. 분구의 발굴조사를 거치고, 2007년 4월부터 8월까지 석곽의 해체작업이 실시되었지만 떼어 낸 벽화의 수복 및 보존처리작업에는 앞으로 10년간 걸릴 것이다.

한편 키토라^{キトラ}고분에서도, 2004년의 석곽 내 조사 시에 벽화가 박리된 부분이 많이 확인되어 항구적 보존을 위해서 벽화를 벗겨내기로 하였다. 다이아몬드·와이어톱이나 다이아몬드·밴드톱 등 새로운 기술을 이용하여 작업이 계속되고 있다. 키토라고분에서는 석곽의 해체까지는 도달하지 않았지만, 어쨌든 양고분에서 벽화를 벗겨내, 고분 외의 보존시설로 옮길 수 밖에 없었던 점은 실로 유감이다(山本).

지역편

Silk Road Archaeology

경주

경주

경주는 흔히 「신라천년의 수도」라고 불린다. 전설상의 시조 박혁거세의 즉위 연대인 BC 57년부터 신라 마지막 왕 경순왕敬順王이 고려의 왕건에게 항복한 935년까지, 경주는 거의 천년동안 신라의 수도였다. 「경주」의 이름은 신라멸망후의 고려시대부터의 호칭으로, 이전에는 「계림」, 「금성」, 「금경」 등으로 불렸다.

경주는 동서남북이 산으로 둘러싸인 분지이다. 사방에서 흘러들어오는 북천北川, 서천西川, 남천南川에 둘러싸인 구역이 신라 왕경의 중심지이다. 북천에 면한 성동동城東洞유적이 북궁北宮, 남천에 접한 반달형의 낮은 구릉이 왕궁인 월성月城으로 추정된다. 월성 동북 측의 안압지雁鴨池도 왕경과 관련된 원지園池로서 잘 알려져있다.

신라는 4세기 후반의 내물奈勿왕 시대가 되어 동아시아 국제사회에 등장했다. 진한을 통합한 사로국斯盧國이 「신라新羅」라는 이름으로 중국의 사서에 나타난 것이 최초이다. 4세기의 신라에 대해서는 불명한 부분이 많지만, 철기를 대량으로 부장하는 고분이 지난날의 모습을 전해준다. 사로국은 『위서魏書』「동이전東夷傳」에 기록된 것처럼 철 자원에 기반하여 발전했다. 그 당시의 철기제작장이 경주시 북교의 황성동隍城洞유적에서 확인되었고, 또 경주시 북서쪽의 사라리舍羅里유적에서는 철부를 시상 일면에 전면으로 깔아 청동기·철기를 대량으로 부장한 목곽묘木槨墓가 발견되었다.

4세기의 신라고분은 교외에 위치하고 5세기에는 신라의 중심인 경주시가지에 고분이 축조되었다. 5세기의 적석목곽분積石木槨墳에는 금·은제품, 유리제품이 대량으로 부장되었다(도2-1-1). 경주역의 서쪽 1km에 위치하는 황남동皇南洞에는 김씨의 시조묘로 전하는 미추왕릉味鄒王陵, 거대한 쌍원분인 황남대총皇南大塚, 장니障泥에 그려진 천마에서 유래한 천마총天馬塚 등이 있으며 고분공원으로 정비되었다. 특히 천마총에서는 부장품을 넣은 목곽이나 돌을 쌓아올린 분구가 고분을 반으로 절개한 상태로 복원되어 있어 신라왕묘의 장대함을 실감할 수 있다. 또 고분공원 일대의 지하에는 장대한 적석목곽분 이외에도, 다양한 부장품을 가진 무덤이 있다. 계림로고분군鷄林路古墳群에서 출토된 황금보검, 인물이나 백조가 상감된 유리구슬, 서수형토기瑞獸形土器 등 눈이 휘둥그레지는 부장품은 지난날의 신라문화의 다양함과 국제성을 전해준다. 또 고분공원의 북쪽에는 금관총, 서봉총, 금령총, 호우총 등의 고분이 있어 금관이나 목걸이 등 눈에 띄는 부장품이 다수 출토하였다.

6세기에는 횡혈식석실橫穴式石室을 매장시설로 하는 고분이 나타난다. 신라 최초의 횡혈식석실분인 보문동普門洞고분은 경주의 동쪽, 명활산明活山의 산기슭에 위치한다. 경주의 서쪽에는 법흥왕릉法興王陵, 진흥왕릉眞興王陵, 무열왕릉武烈王陵 등이 있고, 신라의 삼국통일에 활약한 전 김유신金庾信의 무덤도 있다. 경주의 동남쪽에 있는 괘릉掛陵은 밖에 호석護石·돌난간石欄干 등을 갖춘 원형분으로, 묘앞에는 무신武臣, 문신文臣, 사자獅子 등의 석상이 줄서있다. 왕릉 비정은 조선시대에서 시작되어 현재까지 36기의 왕릉이 사적으로 지정되어있다. 왕릉으로 비정된 횡혈식석실분은 신라왕경을 둘러싸듯이 배치되어있어 5세기의 적석목곽분에 비해 묘역의 위치가 크게 변화했음을 알 수 있다.

■ 도2-1-1　경주시 대릉원고분군 출토 유리기(朴天秀 작성)

경주의 유적 · 박물관

불국사(佛國寺)

경주의 남쪽에 있는 불국사는 법흥왕대(514-540년)에 건립되었다. 현존하는 불국사의 목조 건축은 토요토미 히데요시豊臣秀吉의 임진왜란과 정유재란 때 방화된 후에 재건된 것이다. 장대한 석단 위에 올라 선 중심 가람은 불국 정토를 의미하는 건축물이며, 청운교 · 백운교로 통하는 특별한 공간이었다. 청운교 · 백운교를 건너 자하문을 빠져 나가면 금당에 해당하는 대웅전이 정면에 나타난다. 대웅전의 전면에는 다보탑 · 석가탑 두 개의 석탑이 있다. 각각이 다른 정취를 가지는 우아한 삼층탑으로 국보로 지정되어있다. 불국사는 배후에 위치하는 석굴암과 함께 1995년에 세계문화유산으로 등록되었다.

황룡사(皇龍寺)

신라 불교의 중심인 황룡사는 553년 진흥왕대에 건립이 개시하였다. 월성, 안압지의 동북쪽에 위치하는 황룡사는 남북 284m, 동서 288m에 달하는 광대한 사원으로, 건립개시부터 대략 100년이 경과한 644년에 완성되었다. 황룡사 금당의 장육존상, 9층 목탑은 신라 삼보로 꼽혔지만 1238년에 몽고군의 침략에 의해서 소실되었다. 현재는 발굴조사로 모습을 나타낸 웅대한 건물의 기초가 사적으로서 정비되어 있다.

국립경주박물관

경주를 중심으로 전개된 역사를 실물자료로 소개하고 있는 곳이다. 경주박물관은 1926년의 총독부박물관 경주분관에서 시작하여 국립박물관 경주분관을 거쳐, 1968년에 국립경주박물관이 되었다. 현재 박물관의 부지는 인왕동유적으로 발굴조사되어 통일신라시대를 중심으로 한 대형건물지, 우물지 등이 발견되었다.

　박물관은 월성과 안압지의 바로 남쪽에 위치하며 고고관, 안압지관, 특별전시관, 미술관이 있다. 고고관에서는 선사시대부터 신라시대까지의 자료를 시대별로 소개하고 있다. 적석목곽분(도2-1-2)에서 출토된 각종의 금제품도 전시되어 유리제품이나 황금의 보검도 관람할 수 있다. 안압지관에는 3만 점이 넘는 통일신라시대의 안압지유적 출토자료 가운데 중요 유물 700여 점을 전시한다. 또 옥외에는 각지로부터 이전된 불교 관련의 석조물이 전시되고 있다(宮里).

▌ 도2-1-2 경주시 대릉원고분군(오세윤 촬영)

나라현奈良縣 카시하라시疆原市의 니이자와센즈카新沢千塚고분군에는
대략 600기의 고분이 있다. 축조기간은 4세기부터 7세기까지로 긴 편
이다. 성행하는 시기는 5세기 후반부터 6세기 전반대이다. 원분圓墳을
중심으로 하지만 그 밖에 전방후원분前方後圓墳, 전방후방분前方後方墳,
방분方墳 등도 볼 수 있어 분형은 다양하다. 고분의 규모는 수m에서
수십m로 다양하고, 고분군 중에는 분장 138m의 토야미산자이鳥室ミ
サンザイ고분 등의 대규모 고분도 포함되어 있지만, 대부분이 소규모이
다. 매장시설은 목관 직장直葬이 주류이고, 횡혈식석실横穴式石室을 가
지는 고분은 적다. 부장품은 무구나 무기가 많으며 거울이 출토된 고
분도 있다.

니자와센즈카고분군에서도 이채로운 126호분은 5세기 중엽에 조영되
었으며 한변 20m의 장방형 분구를 가진다. 분정墳頂에 있는 매장주체
부에는 코우야마키(금송金松)제의 파내기식割竹形목관이 직장直葬되어
있었다. 이 목관내에서, 금제·은제의 다양한 장식품, 많은 옥류, 청동
제 울두熨斗, 그리고 유리완과 유리명Ⅲ 세트가 출토되었다. 청동제의
울두는 일본에서는 1예 밖에 알려지지 않은 특수한 유물이다. 그 외
금제의 반지나 관장식의 보요 등은 한국 경주의 금령총金鈴塚과 금관
총金冠塚 출토예와의 공통성이 지적되고 있다. 유리완은 유례가 적은
기형이지만 경주·황남대총 북분 출토의 유리완과 유사한 등 왜와 신
라와의 교류를 보여주는 부장품이다(도2-1-3)(山本).

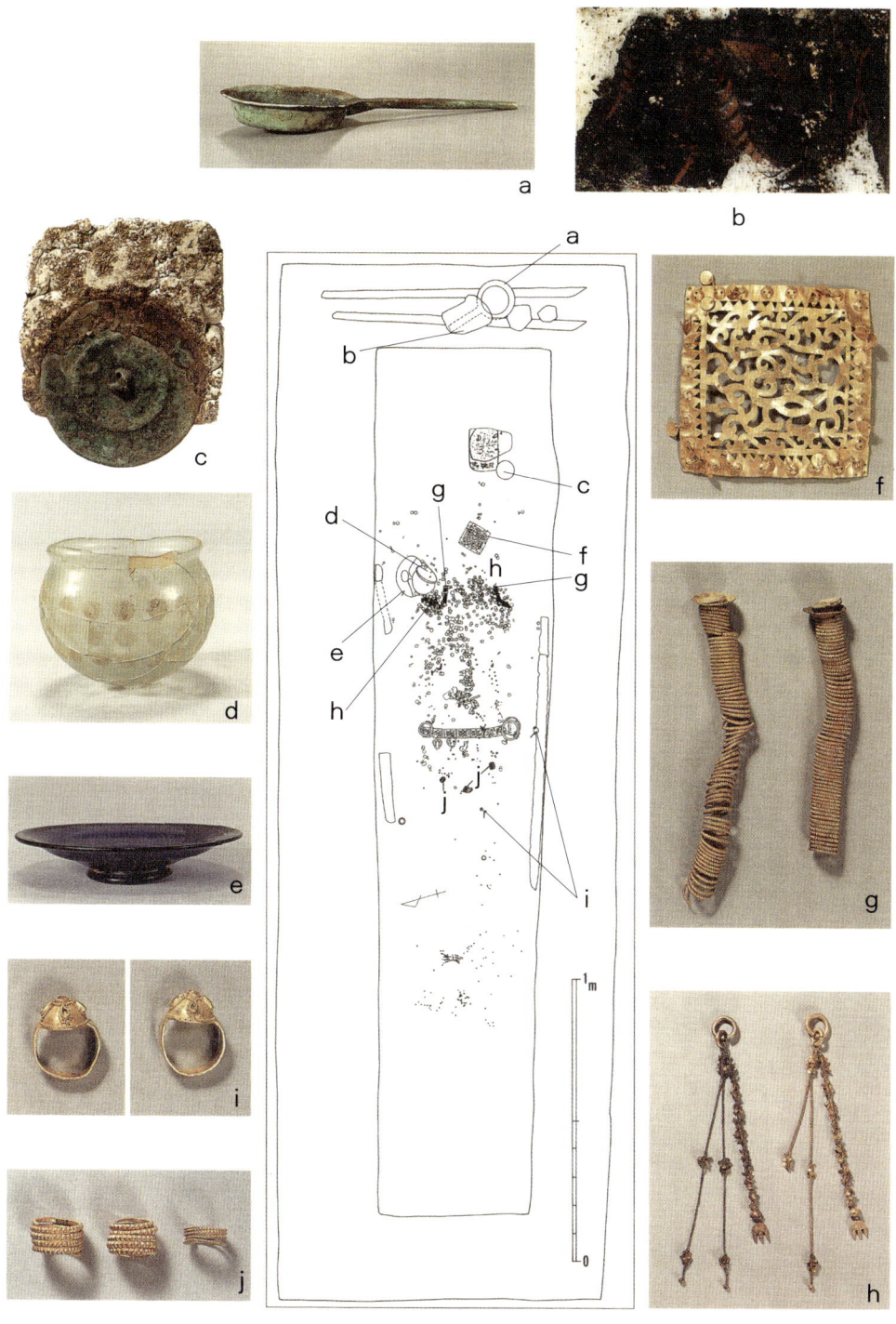

■ 도2-1-3 　일본 나라현 니이자와126호분 출토 유물

북경(北京)

북경北京은 약 60만 년 전에 북경 원인原人이 생활한 지역으로 그 활동을 나타내는 유적이 북경 교외의 주구점周口店에 있다(도2-2-1). 서주西周시대가 되면 연燕의 수도인 계薊가 위치하며 춘추전국春秋戰國시대에도 수도로서 번창하였다. 그러나 진秦의 시황제가 차례로 각국을 정복하여 연燕도 BC 222년에 멸망한다. 이후의 역대 왕조는 현재의 북경 지역을 북방 초원의 유목민으로부터 중원을 지키는 전선前線 기지로 삼았는데 한漢대에는 유주幽州를 수대隋代에는 탁군涿郡 등을 두었다.

북경을 주변 경계에 대한 군사거점으로서의 위치를 일변시킨 것이 거란족契丹族인 요遼 등 북방계 민족의 왕조다. 요遼는 중원의 혼란을 틈타 북경을 손에 넣어 부도副都로 삼아 「연경燕京」으로 개칭하였다. 연경이는 이름은 현재에도 널리 친숙해서 북경의 맥주는 「연경맥주」라는 상표로 알려져 있다. 여진족女眞族의 금金은 연경燕京에 수도를 두고 「중도中都」라고 칭하며 도성과 교통의 정비를 적극적으로 진행했다.

처음으로 북경을 통일왕조의 수도로 정한 것은 몽골족의 왕조인 원元이다. 원의 쿠빌라이 칸은 「대도大都」로 개칭하고 오늘의 북경의 기초가 되는 도시 건설에 착수했다. 대도를 방문한 마르코 폴로Marco Polo는 도성 안이 모두 방형으로 구획되어 장려한 건물과 통로가 교묘하게 배치된 아름다움은 말과 글로 표현하기 어렵다고 극찬하였다. 대도의 도로는 남북으로 큰 길이

■ 도2-2-1 　중국 북경 지도(岡內三眞 원도)

이어지고 양측에는 동서 방향으로 좁은 길인 호동胡同이 이어지는 설계였다. 현재에도 기본 설계는 지속되어 오래된 거리로 남은 호동은 북경의 관광 명소가 되고 있다.

　건국 당시의 명明은 수도를 강남江南의 남경南京에 두었지만 제 3대의 영락제永樂帝는 북경으로 천도한다.「북경北京」이라는 이름은 이때에 시작된 것이다. 영락제永樂帝는 북경의 북쪽을 헐어내고 남쪽을 확대하여 그 중심에 황성皇城인 자금성紫禁城을 세우고 주위에 서민의 거주지를 포함한 외성外城을 건설하였다. 명대明代의 북경성北京城은 청대淸代에 계승되어 현대에 이르고 있다.

북경(北京)의 유적 · 박물관

자금성(紫禁城)

자금성은 명明 · 청淸 2대의 황궁皇宮으로 중국에 현존하는 고건축군으로 가장 규모가 크다. 자금성의 중축中軸 선상에는 여섯 개의 대전大殿이 남북으로 줄지어 있다. 동쪽에 여섯 궁, 서쪽에 여섯 궁 등의 궁전군이 그것을 둘러싸며, 그 가운데 태화전이 위치하고 있다(도2-2-2). 태화전太和殿은 높이 27m, 폭 63m, 길이 37m의 중국 최대의 목조 건축이다. 지붕의 형식은 최고 격식으로 이중의 우진각 지붕의 형식이며 황색 기와를 덮었다. 전각 내의 중앙에는 높은 단상이 있는데 그 단상에 금칠한 옥좌玉座를 갖추고 있다. 앞쪽의 뜰은 약 33,000㎡의 넓이로 국가적 의식때는 중앙 통로의 동서로 각각 문관과 무관이 관직의 등급순서로 나누어 정렬하여 구궤삼배九跪三拜의 예를 행했다.

▌ 도2-2-2 중국 북경시 자금성(朴天秀 촬영)

중국국가박물관(中國國家博物館)

천안문 광장의 동쪽에는 중국국가박물관이 있다(도2-2-3). 2003년에 중국역사박물관과 중국혁명박물관을 통합해 만들어진 중국을 대표하는 종합박물관이다. 61만 점의 자료를 수장하고 있으며, 그 중에는 국보급의 자료도 많이 포함되어 있다. 중국의 역사나 전통 문화를 풍부한 자료를 이용하여 체계적으로 전시하고 있으며, 주제 전시도 충실하다. 현재의 건축면적은 65,000㎡이지만, 2010년대 개축 후에는 건축면적 192,000㎡의 세계 최대 규모의 박물관이 될 예정이다.

▌ 도2-2-3   중국 북경시 국가박물관(朴天秀 촬영)

팔달령장성(八達嶺長城)

북경 시내에서 북동쪽으로 약 75km에 있는 명대明代의 건축물로 일반적으로 만리장성萬里長城으로 알려져 있다. 전국戰國시대의 각국이 쌓아 올리기 시작하여 진대秦代 이후에 증수增修하면서 연결되어 명대明代에는 동쪽의 산해관山海關에서 서쪽의 가욕관嘉峪關까지 6,000km 이상에 이르게 된다. 동서로 긴 장성은 각 지역에 의해 축조 방법도 달라 흙, 햇빛에 말린 벽돌, 벽돌塼, 돌

등 다양하다. 북경北京 사마대장성司馬臺長城의 경우는 아래에 돌, 위에는 전博을 쌓는 방법을 채용하고 있다. 덧붙여 팔달령八達嶺과 사마대司馬臺에는 시내에 일일 관광의 단체에 참가해서 버스로 가는 것이 편리하다.

명(明)의 13릉(陵)

명조明朝의 제 3대 영락제永樂帝로부터 제 7대 황제를 제외한 제 16대 황제까지가 묻혀있는 능묘군이다. 특히 제 14대 만력제萬曆帝의 정릉定陵은 발굴조사가 실시되어 정릉박물관이 있으며 지하의 장대한 묘실墓室내부까지 들어갈 수 있다. 묘실 내에는 옥좌玉座나 옻칠 목관, 도자기 등이 있다. 출토 유물은 지상의 전시실에 전시되어 금과 보석으로 만들어진 황제나 황후의 관冠, 장식품, 비단 의복, 생활 용품, 옥인玉印 등을 볼 수 있다. 명明의 13릉陵은 팔달령장성 관광과 함께 북경 시내에서 일일 버스 관광에 참가하는 것이 좋다.

이화원(頤和園)

이화원頤和園은 서태후西太后의 여름 별궁으로서 유명하다. 그 역사는 금조金朝까지 거슬러 올라가고 후에 청淸의 건륭제乾隆帝가 별궁으로 정돈하였다. 이화원은 인공의 만수산萬壽山과 곤명호昆明湖로 되어 있어 그 호숫가나 산위에 다양한 궁전이나 정자를 배치하고 있다. 특히 만수산의 정상에 있는 불향각佛香閣이 유명한데 여기서 곤명호를 내려다볼 수 있다. 그 외 건륭연간에 만들어진 석제의 배船인 청안방淸晏舫도 볼 만하다(山田).

|북경(北京)의 호동(胡同)|

북경이라고 하면 「호동胡同」 또는 「사합원四合院」이라는 말을 자주 듣는다. 「호동」이란 북경의 자금성 주변으로 보이는 전통적 가옥 사이의 좁은 골목이다. 「사합원」이란 호동을 구성하는 사면四面이 건물에 둘러싸인 안뜰이 있는 전통적 가옥이다. 호동胡同은 「~호동胡同」이라고 하듯이 각각 명칭이 있어 현재에도 거리를 걸으면 도로의 안내판 등에서 잘 보인다.

호동의 역사는 원조元朝가 현재의 북경의 땅에 천도했던 시기까지 거슬러 올라가는데 그 때의 도로 구획의 규정이 토대를 이루고 있다. 호동의 어원 자체가 몽고어의 우물 혹은 주거구역을 의미하는 말에 있다고 한다. 호동은 원조이후에도, 명明, 청淸과 북경에 중심을 둔 왕조 아래에서 수가 늘어나, 민국民国시대에는 약 2,000채에 이르렀다고 한다. 이러한 호동을 걸어 보았다. 골목의 양측으로 계속 되는 회색의 벽돌로 쌓은 사합원의 벽, 장기간의 사용으로 거무스름하게 변색된 목제의 문과 문짝, 거기에 대조적으로 붙여진 선명한 붉은 길상도안吉祥圖案, 길가에 어수선함과 쌓인 연탄 등은 발을 디딘 사람에게 전통적인 옛 북경의 분위기를 느끼게 한다. 단지 최근에 눈에 띄는 것은 벽에 페인트로 「절折」라고 쓴 사합원이다. 「절折」이란 중국어로 「파괴」를 의미한다.

북경은 2008년에 올림픽을 앞두고 재개발에 따라 일부의 보호 지구를 제외하고 호동도 급속한 파괴가 진행되었다.

호동과 사합원은 북경의 역사를 보여 주는 전통적 거주구역이며, 현재도 사람들이 사는 「살아 있는 문화재」이다. 파괴하는 측의 논리로서 마을의 정비나 현대화 등을 들 수 있지만 보존과 개발은 어느 지역이나 나라를 불문하고 해결이 어려운 문제다. 과연 「중국」으로서의 현대화는 획일적인 고층건축이나 메마른 풍경의 도로 정비만으로 좋은 것일까?(久保田).

서안(西安)과 낙양(洛陽)

장안長安과 낙양은 BC 11세기의 서주徐州에서 시작하여 전한前漢, 후한後漢, 수隋, 당唐 등 역대왕조의 수도首都와 부도副都가 두어졌다. 명대에 수도는 북경北京으로 옮겼고, 장안은 「서안西安」으로 개칭되었다. 이전에는 중국의 정치경제의 중심지이며, 실크로드 동서 교류의 거점으로 이용되었다. 시내 어디든지 오래된 성벽과 사원寺院 외의 명승고적을 여기저기 볼 수 있다(도 2-3-1). 하지만 한편으로는 거리의 개발로 고층빌딩이 난립하여 길거리에

▌ 도2-3-1   중국 서안 지도(岡內三眞 원도)

해외 브랜드나 패스트푸드점이 줄서 있다. 이 두가지 풍경이 혼재한 경관은 독특한 분위기를 자아내고 있다.

서안과 낙양이 있는 지역은 몬순기후monsoon climate에 속해 일본과 같이 사계절이 뚜렷하지만, 연간 강수량은 600mm전후로 건조하다. 대륙성기후 때문에 기온의 변화는 극심하고 여름은 40도를 넘으며 겨울은 −10도를 밑도는 경우가 있다. 비는 하계에 집중되는데 다만 호우로 되는 것은 적고 대부분의 비는 간헐적으로 내리는 정도이다. 강수량이 적기 때문에 농업은 주로 밭농사가 행해져 현재는 밀과 옥수수의 이모작이 보급되어있다. 삼림 등의 수목은 잘 보이지 않으며 그나마 남은 곳도 농지화가 진행되고 있다.

요리는 매운 맛을 기본으로 하지만 동서 교류의 역사를 반영해 위구르족 維吾爾族, 회족回族, 한민족漢民族 등 다양한 민족의 영향을 맛볼 수 있다. 명물 요리에는 난을 얇게 뜯어 양고기 스프에 담가 먹는 「양육포막羊肉泡饃」, 난에 돼지고기 각자(角煮돼지고기를 큼직하게 썰어서 설탕·간장·소금·술을 치고 육수를 부어 끓인 것)를 싸서 먹는 「육래막肉來饃」, 쪄서 식힌 면에 조미료를 뿌린 「량피涼皮」, 피와 속이 다양한 교자의 코스 요리인 「교자연餃子宴」등이 있다.

박물관과 유적

서안과 낙양에는 거리에 유적이 산재하며 교외에도 셀 수 없을 정도로 분포한다. 그 때문에 여기에서는 주요한 것들만 언급하겠다.

서안

섬서역사박물관(陝西歷史博物館)(도2-3-2)

섬서역사박물관은 중국에서도 유수의 규모를 자랑하는 박물관이다. 건물은 당풍의 건축을 이미지로 만들었다. 사전史前, 주周, 진秦, 한漢, 위진남북조魏晉南北朝, 수당隋唐, 송원명청宋元明淸과 시대별로 부실이 나누어져 있으며 섬서성에서 출토된 문물이 진열되고 있다. 지하의 당묘 벽화관은 공개되는 날짜와 사람 수에 제한이 있는 곳이므로 사전에 확인이 반드시 필요하다.

■ 도2-3-2 　중국 서안 역사박물관(오세윤 촬영)

반파유지박물관(半坡遺址博物館)

반파유지박물관은 서안의 중심에서 약간 동쪽으로 떨어져 있지만, 노선버스가 지나간다. 반파유적은 신석기시대 앙소仰詔문화의 취락유적이다. 1954년부터 발굴조사와 정리보고된 고고학사의 중요한 유적이다. 출토유물을 모은 진열실, 주거와 묘장 등을 그대로 보존한 곳이 있고, 실외에 복원한 주거군이 있다.

진시황제릉(秦始皇帝陵)과 병마용갱박물관(兵馬俑坑博物館)(도2-3-3)

진시황제릉과 병마용갱박물관은 최초로 중국을 통일한 진의 시황제 능묘陵墓와 배장갱陪葬坑의 일부로 1987년 세계유산에 등록되었다. 1974년에 농민이 우물을 파던 중에 우연히 한 기의 병마용을 발견한 이래 발굴작업은 현재까지 계속되고 있다. 진시황제의 능은 아직 발굴되지 않았지만, 분구 아래에서부터 분구정상까지 계단으로 올라가 볼 수 있다. 병마용갱박물관에는 제

▌ 도2-3-3   중국 서안 진시황릉과 병마용갱(오세윤 촬영)

111

1~3호 갱을 발굴했던 상태 그대로 덮은 건물과, 출토된 동거마銅車馬 등의 유물을 전시하는 진열관이 있다. 운이 좋다면 병마용을 발견한 바로 그 농민을 만날 수도 있다. 병마용갱 이외의 배장갱도 발굴이 진행되어 자연과학적인 조사로 이어져 광대한 진시황제릉의 전모가 밝혀지고 있다.

한양릉박물원(漢陽陵博物院)

한양릉박물원은 전한의 제6대 황제인 경제景帝의 능원을 공개하고 있다. 복원된 남궐南闕, 고고진열관考古陳列館, 배장갱陪葬坑을 덮어서 만든 외장갱유지보호전시청外藏坑遺址保護展示廳 등의 시설이 광대한 부지 가운데에 있다. 특히 보호전시청에서는 유리벽의 통로를 걸으면서 위나 옆으로 배장갱의 내부를 관찰할 수 있다. 병마용兵馬俑에 비교하면 소형이지만 대량의 용俑이 출토되고 있다. 병마용갱박물관과 한양릉박물원은 서안의 교외에 있어 약간 멀지만 서안역에서 전용노선이 있어 교통이 곤란하지는 않다.

낙양

낙양박물관(洛陽博物館)

낙양박물관은 낙양시의 거의 중심에 위치한다. 낙양주변에서 출토된 문물을 전시하고 사전史前, 하상夏商, 양주兩周, 한위漢魏, 수당隋唐과 같이 시대마다 나누고 있다. 청동기, 당삼채唐三彩 등 뛰어난 문물들을 많이 수장·전시하고 있다.

용문석굴(龍門石窟)(도2-3-4)

2000년에 세계유산으로 등록된 용문석굴은 낙양시의 남교南郊에 있으며 차를 빌리거나 노선버스로 갈 수 있다. 황하黃河의 지류인 이하伊河 양안의 단구애면段丘崖面에 약 1km에 걸쳐서 1,352개소의 바위굴이 분포한다. 석굴군은 5세기 말의 북위北魏 효문제孝文帝의 시대부터 축조가 시작되어 당唐대를 중심으로 이어져 축조되었다. 서안西安 중앙에 위치한 봉선사奉先寺굴의 불상군은 당의 측천무후則天武后가 발원하여 축조했다는 걸출한 바위굴이다(栗山).

▌ 도2-3-4　중국 낙양 용문석굴(朴天秀 촬영)

2004년 가을 중국 서안에서 일본인 도당유학생이 묘지를 발견하였다는 뉴스가 보도되어 큰 화제가 된 적이 있다. 와세다대학 실크로드 조사대의 멤버도 2006년 5월에 서안의 서북西北대학이 소장하고 있는 묘지를 견학하고 그 발견지를 방문했다.

묘는 현재의 서안시 동교東郊, 곽가탄郭家灘 부근일 가능성이 크다. 묘지 발견지는 서부대개발西部大開發의 재개발지역에 가깝고 콘크리트의 건물이 건축 중이었다. 묘지는 이 공사에 따라 발견된 것 같지만 무덤의 정확한 위치는 알 수 없다.

묘지墓誌는 거의 정방형으로 171자가 새겨져 있다. 묘지의 내용에 의하면, 그 유학생은 「일본」에서 온 「정진성井眞成」이라는 사람으로 당의 개원開元 22년(734년) 1월에 36세로 죽었다. 현종황제玄宗皇帝는 그 죽음을 불쌍히 여겨 「상의봉어尙衣奉御」라는 관직을 추증했다고 한다(도2-3-5).

정진성은 중국명으로 「정井」은 일본에서의 성은 카츠이씨葛井氏 또는 이노우에씨井上氏였다고 생각된다. 병몰시病沒時의 연령 등에서 요로養老 원년(717년) 파견한 제9차 견당사신으로 입당했다고 생각된

도2-3-5　중국 서안 출토 정진성 묘지(奈良國立博物館, 2010, 『大遣唐使展』)

다. 그렇다면 아베노 나카마로阿倍仲麻呂, 키비노 마키비吉備眞備, 켄보우玄坊와 동기이다. 아베노 나카마로阿倍仲麻呂는 당의 과거에 합격하여 고급관료가 되었고 당에서 죽었다. 키비노 마키비吉備眞備, 켄보우玄坊는 귀국하여 마키비眞備는 우대신右大臣까지 승진하였고, 켄보우玄坊도 쇼무왕聖武王의 신임을 얻었다. 정진성도 귀국했다면 활약했을 것이다.

낙양에서는 현종玄宗 황제가 제 8차 견당사를 문 위에서 접견했다고 하는 낙양궁성의 정문이었던 응천문지應天門址를 걸어보았다. 정진성도 이곳을 방문했던 것일까. 현재는 성벽이 복원되어 있지만 문 위에는 풀이 무성해 지난날의 화려함을 알 수 없다. 1200년 이상이나 지났지만 옛날 실크로드 동단의 일본으로부터 긴 여행을 거쳐 당의 수도에 가까스로 도착한 유학생留學生과 유학승留學僧들은 다음 차례의 견당사선이 올 때까지 15년간은 돌아가고 싶어도 돌아갈 수 없었다. 그 가슴속에는 새로운 세계로의 동경과 동시에, 고향에 대한 향수가 있었을 것이다(米澤).

카라코룸(Karakorum)

카라코룸은 몽골의 수도 울란바토르Ulaanbaatar에서 서쪽에 약 300km에 위치하며 현재는 하르호린Kharkhorin이라는 이름으로 불리고 있다. 이 땅은 몽골 고원의 거의 중앙부에 해당한다. 근교에는 오르혼Orkhon강이 흘러 수자원의 혜택을 받았고 옛부터 좋은 방목지로 알려져 있었다.

몽골 제국 이전

몽골 제국 이전에 오르혼Orkhon강 유역에서 흥망했던 기마 유목민의 역사를 개관하고자 한다. 하르호린Kharkhorin의 북동 약 60km에는 호쇼 차이담Khosho Tsaidam 유적이 있다. 여기에는 돌궐突厥 제2카간국의 빌게카간毘伽可汗, 왕자인 퀼테긴闕特勤, Kül-Tegin의 비문이 남아 있다. 이 비문과 1대·2대·3대의 카간을 모신 재상이 남긴 비문을 오르혼비문 또는 돌궐비문으로 총칭하고 있다. 기마 유목민이 자기들의 문자로 신들의 역사를 말한 가장 오래된 자료로서 중요하다. 특히 퀼테긴비문의 일면에는 당의 현종황제玄宗皇帝가 보낸 어문御文이 한자로 기록되어 있어 당시의 돌궐과 당의 우호 관계를 나타내는 자료라 할 수 있을 것이다(도2-4-1).

돌궐이 멸망한 후에 초원 지대의 패권을 잡은 토구츠 오구츠(구성철륵九姓鐵勒)도 오르혼강 유역에 유적을 남겼다. 제3대의 브그르카간Buguqur Kha-

■ 도2-4-1 　몽골 퀼테킨비(윤동진 촬영)

gan이 조영한 오르두 발리크Ordu-Baliq(궁전의 마을)는 현재 카라 발가순
Kharabalgasun 유적으로 불리고 있다. 브그르카간은 마니교를 국교로 하였다
고 하며, 이 유적에서도 마니교의 사원지가 발견되었다. 마니교 신앙의 배경
에는 소그드인의 영향력이 강했다고 지적되고 있다.

몽골제국의 수도

급속히 세력을 확대한 테무진鐵木眞은 제국을 세워 초대 황제 칭기스칸成吉思
汗이라고 자칭하였다. 하지만 1227년 호라즘Khwarezm 원정에의 참가를 거절
한 서하西夏를 토벌할 때 출정처의 육반산六盤山 남록에 있는 청수하淸水河 부
근에서 사망하였다. 칭기스칸은 원정에 생애를 보냈기 때문에 정치의 중심
지가 어디라고 딱 잘라 말하기 어렵다. 1235년에 카라코룸을 수도로 정한 것
은 몽골제국 제2대 황제인 오고타이Ogotai칸이며, 그 후 제3대 귀위크Güyüg,
제4대 몽케Möngke가 제위에 있던 중에도 이 도시가 몽골 제국의 중심이었다.
　　징기스칸의 셋째 아들로서 제국을 통치한 오고타이窩濶臺는 카라코룸을

중심으로 통치 체제를 정리했다. 발굴조사 결과 카라코룸은 남북 1,450m, 동서 1,138m의 성벽에 둘러싸여 있었던 것이 밝혀졌다. 성벽내의 서남 쪽에는 이중의 벽돌벽으로 둘러싸인 만안궁万安宮을 지었다. 궁전을 건설한 오고타이였지만 1년 내내 만안궁에 거처하고 있었던 것은 아니었다. 그 자신은 카라코룸의 주변에 이궁離宮을 만들어 계절四季에 따라 옮겨가며 거처하였다. 봄의 이궁은 북쪽 40km에 있는 도이틴-발가스Дойтын балгас유적, 겨울의 이궁은 남쪽 200km 있는 샤잔-호트shaazan-khot유적으로 생각되고 있다. 여름과 가을의 이궁에 대해서는 아직 확실히 알 수 없다.

외국인이 본 카라코룸(Karakorum)

이 시기 몽골인의 풍습에 대해서, 로마교황 인노켄테이우스4세Innocentius Ⅳ의 사자使者로서 카라코룸을 방문한 2명의 수도사의 여행기에 소개되고 있다. 귀위크의 치세하에 체재한 프라노카르피니 죠판니 Giovanni de Piano Carpi 'ni 수도사와 몽케의 치세하에 체재한 르브룩 윌리엄William Rubrouck 수도사가 여행기를 남긴 이들이다.

그들의 보고에 따르면 도성에는 4개의 문이 있으며 동문에서는 곡물, 서문에서는 양과 염소, 남문에서는 소와 차, 북문에서는 말이 팔리고 있었다. 도성 내에는 상인이 모이는 무슬림지구와 직인이 사는 중국인지구의 2개가 설치되어 있었다. 양 지구의 사람들을 위한 이슬람 예배당과 중국 불교 사원을 비롯하여 위구르 불교·티베트 불교(라마교)의 사원, 게다가 네스토리우스파 크리스트교회까지 있었다. 발굴조사 결과 일반인의 주거보다 현격히 큰 건물지가 몇 곳에서 발견되고 있는데, 사원이었을 가능성이 크다. 다양한 종교 시설의 혼재라는 신앙에 대한 관대함을 엿볼 수 있다. 오히려 광대한 영토를 가지는 이상, 그곳에 사는 사람들의 신앙이나 생활 양식 등을 용인하는 것이 통치하기 쉬웠기 때문이었을 것이다. 상기의 종교 외에도 중국의 도교나 가톨릭 등의 종교와도 접촉하고 있던 것 같다. 한편 몽골 전통의 샤머니즘도 계승되고 있어 외래의 여러 종교의 영향을 받으면서도 그 후로도 오랫동안 그들의 생활의 근저를 이루고 있었다.

카라코룸(Karakorum)에서 대도(大都)로

몽케의 사후 카라코룸에 본거지를 두는 아리크부카Arik-Bukha와 개평부開平部(내몽고자치구 둬룬多伦)에 본거지를 두는 쿠빌라이Khubilai가 대립하였다. 각자 자기들의 파의 부족장을 모으고 쿠릴타이Khuriltai라고 칭해지는 집회를 열어 칸의 지위를 얻은 결과 2명의 황제가 병립하는 사태가 발생했던 것이다. 두 사람의 제위 계승 전쟁은 4년간 계속되었지만 군사력이 우수한 쿠빌라이가 승리하여 카라코룸을 점령하고 파괴했다. 실권을 잡은 쿠빌라이칸은 수도를 상도(구 개평부)에 정하였고 1263년에는 대도(북경)로 도읍을 옮겼다. 1271년에는 국호를 대원大元이라 칭하여 원元조를 창건한다(川畑).

▌ 도2-4-2　몽골 에르데니 주 전경(岡內三眞 제공)

|카라코룸(Karakorum)과 에르데니 주(Erdeni zuu)|

필자는 2006년 여름에 카라코룸을 방문했던 적이 있다. 몽골 북서부의 마을인 므릉Mörön교외에서의 발굴조사를 끝내고 육로를 통해 울란바토르Ulaanbaatar로 돌아오는 도중이었다. 카라코룸이라는 이름은 터키어의 「검정」과 「코룸=돌」에 유래한다. 현지에는 검은색 돌이 산재하고 있으므로 방문한 사람은 잠시 주위를 둘러보면 좋다. 1368년 원조 최후의 황제 토곤 테무르安懽帖睦爾가 대도에서 쫓겨나서 카라코룸을 수도로 하여 원조元朝를 존속시켰다. 이것을 북원北元이라고 말하지만, 어디까지나 이 명칭은 명조에서 본 「북쪽」에 지나지 않는다. 그 후의 카라코룸은 라마교의 중심지의 하나가 되었으며 현재의 하르호린Kharkhorin에서는 에르데니 주Erdeni zuu라는 사원을 견학할 수 있다(도 2-4-2. 3). 16세기 말에 이 사원이 건설될 때 근처에 있던 석재의 재이용이 적극적으로 행해졌다. 즉 구도 카라코룸을 파괴하면서 에르데니 주Erdeni zuu를 세웠던 것이다. 사원을 견학하면서 옛 수도인 카라코룸의 석재를 찾아보는 것도 재미있다.

에르데니 주Erdeni zuu의 북측에는 조금이나마 카라코룸의 흔적을 살펴볼 수 있다. 성벽은 붕괴되어 있지만 높이가 1~3m정도 남아있고 남쪽에 'ㄷ'모양을 하고 있다. 그 서남부에는 이중의 벽돌벽에 둘러싸여 있었던 궁전인 만안궁万安宮이 있다. 궁전의 남쪽에는 귀부龜趺라고 하는 거북이 모양의 비석 대좌가 남아 있다(川畑).

▌도2-4-3 몽골 에르데니 주 귀부(岡內三眞 제공)

돈황(敦煌)

돈황敦煌은 사주沙州라고도 불리우며, 삼위산三危山, 오사산鳴沙山에 둘러싸인 오아시스 도시이다. 돈은 [대大], 황은 [성盛]이라는 의미이다(도2-5-1). 한 漢의 초기에 흉노匈奴가 월씨月氏를 물리치고 이 땅을 수중에 넣었다. 이후 무 제武帝가 흉노를 쫓아내고 주천酒泉, 무위武威, 장예張掖, 돈황敦煌의 [하서사군 河西四郡]을 설치한다. 돈황은 서역상인이 활약하는 땅이므로 1세기에는 이 미 사마르칸트Samarkand 등에서 소그드인이 방문한 듯하다. 오호십육국五胡 十六國시대에는 중원으로부터 많은 난민이 서방으로 대피하여 인구가 증가하 였다. 전량前涼, 서량西涼, 북량北涼 등의 지방 정권이 많이 들어서지만 북위가

▌ 도2-5-1   중국 돈황 지도(岡內三眞 원도)

북방을 통일하고 돈황도 직접 지배하에 두었다. 수隋·당唐대에는 중원 왕조의 지배하에 있었지만 안사安史의 난의 틈타 토번吐藩이 점거하였고, 그 후 감숙甘肅위구르의 세력하에 들어갔다.

돈황주변의 유적

사주(沙州)지역

돈황시가지의 서쪽 당하党河의 서안西岸에 위치한다. 성벽은 동서 718m, 남북 1,132m의 규모로 돈황군을 설치한 이후 번영하였다. 지금은 남쪽, 북쪽, 서쪽 성벽의 일부가 남아있을 뿐 당시를 연상시키는 것은 없다.

양관(陽關), 옥문관(玉門閃), 한(漢)의 장성(長城), 봉화대(烽火臺), 하창성(河倉城)

돈황은 한대에는 중원 왕조의 세력범위 최서단으로 서역西城이라고 불리고 있었다. 양관陽關은 서역 남도, 옥문관玉門關은 서역 북도의 관문이다. 양관은 봉화대만이 남아있어 황량한 풍경이다. 옥문관에 대해서는 한혈지마汗血之馬를 얻기 위해 대완국大宛國 페르가나Fergana로 원정을 간 이광리李廣利가 패배해서 돌아왔을 때 무제가 진노하여 옥문관 안으로 들어오지 못하게 하였다는 이야기가 『사기史記』에서 전해지고 있다. 현재 소방반성小方盤城이라고 불리는 유적이 있으며 평면 정방형으로 약 25m 높이 약 10m의 벽이 남아 있다. 가까운 곳에는 한漢 대의 장성이 잔존하며, 옥문관 동쪽 11km에 있는 마권만馬圈灣봉화대에서는 한대의 생활용품이나 문자를 기록한 목간木簡이 출토되었다. 하창성河倉城은 옥문관 동쪽 15km 소근하疏勤河 부근에 위치한다. 대방반성大方盤城이라고도 불리며 고대의 창고로 이용되었다.

현천치(懸泉置)유적

돈황 시가의 동쪽 60km 삼위산 북쪽 기슭에 위치하고 있다. 목간이 1만점 이상 발굴되고, 전한前漢에서 위진魏晋대까지 안서安西와 돈황간의 우정郵亭이었던 것으로 밝혀졌다. 무기, 공구, 일용품, 농작물, 동물뼈 등이 대량으로 출토되었다. 또한 전한前漢의 마지麻紙가 발견되어 마권만馬圈灣의 출토사례와 함께 종이의 기원 해명의 단서가 되고 있다.

기가만(祁家灣), 불야요만(佛爺廟灣)묘지

돈황시내의 서쪽에 기가만祁家灣, 동쪽으로 불야묘만佛爺廟灣이라고 불리는 묘지가 있고 10㎞ 이상의 범위에 수많은 무덤이 분포한다. 불야요만에서 발굴된 서진西晋 초기의 무덤에서 화상전畵像塼이 발견되었다. 화상전은 묘문 바로 위의 외벽이나 묘실의 무문전無文塼사이에 끼워 넣었다. 1점에 1장면이 그려져 있으며 묘실의 벽에는 무덤 주인의 장원莊園에서의 생활, 묘문의 벽에는 사신 등의 신금이수神禽異獸가 표현되고 있다. 묘실벽화가 일반화 되기 이전의 회화자료로 당시의 사람들의 생활을 엿볼 수 있다. 일부 공개하고 있는 무덤은 안에 들어가 견학할 수 있다.

유림굴(楡林窟)

안서시安西市의 남 68㎞ 유림하楡林河의 양안에 개착되었다. 41개의 굴이 현존하며 북량北涼, 당唐, 오五대, 송宋, 서하西夏, 원元, 청淸 등의 벽화가 총면적 5,000m 정도가 남아있다. 불교 관련이나 동물 등이 그려져 막고굴莫高窟의 벽화와 유사하다. 농경農耕・연음宴飮(연회)・혁기奕棋(바둑)・양주釀酒(술 만들기)・무악舞樂 등의 생활 장면이 특징적이다. 또 현실을 그렸다고 보이는 서하西夏 제3굴의 「당승취경도唐僧取経圖」가 유명하다. 일부의 굴만 견학이 가능하다.

막고굴(莫高窟)

돈황에서 가장 유명한 유적이다. 시의 동남쪽 25㎞의 명사산鳴沙山동쪽 기슭에 위치한 절벽의 약 1.5㎞에 걸쳐 개착된 거대한 석굴이다. 492기의 굴이 현존하며 벽화는 그 면적이 4.5만㎡에 달하는 대규모의 화랑이라 할 수 있다 (도2-5-2).

막고굴의 불교 예술은 초기(북량北涼~북주北周)・중기(수隋~당唐)・후기

123

(오대五代~원元)의 3기로 구분된다. 초기 굴에는 36기의 석굴이 있으며 불전도佛傳圖, 본생도本生圖, 설법도說法圖, 공양자상供養者像 등이 그려진다. 얼굴과 몸은 입체감을 내기 위해 굵은 테두리를 베푼 것이 많고, 중국풍과 서역풍의 양식이 섞여있다. 중기에는 300기 이상의 석굴이 현존하여 막고굴의 절반 이상을 차지한다. 벽화의 소재는 경변도経變圖가 주체로 바뀐다. 또 수하설법도樹下說法圖가 유행하며 밀교密教에 관한 소재도 출현한다. 당唐의 중기에는 티벳, 말기에는 장의조張議潮 일족에 의해 돈황이 지배되었다. 경변도가 계속해서 그려지지만 벽화의 양식은 형식화된다. 후기는 절도사인 조의금曹議金에 의해 지배되고, 원元까지 조씨의 지배가 계속되었다 이 시기의 벽화는 약 100기로 벽화의 소재는 당대를 답습하면서도 획일화가 진행된다. 그 후의 서하西夏와 원元은 돈황을 약 300년 통치하며 막고굴의 축조와 수복이 계속되었다. 견학할 수 있는 것은 일부이며 특별굴이라고 불리는 별도 요금을 받는 굴도 있다. 석굴의 앞에는 전시관이 있어 복원된 굴의 상태를 볼 수도 있다.

돈황시박물관(敦煌市博物館)

돈황 시내에 있다. 돈황의 선사시대부터 청나라 말까지의 출토품이 주로 전시되어 있다(後藤).

|돈황 막고굴 제 17굴과 돈황 문서|

돈황 막고굴 중에서도 신비하고 각 방면에서 주목을 끄는 것이 제17굴이다. 제17굴은 별명 「장경동藏經洞」이라고 불리고 1899년에 왕원록王圓籙에 의해 발견되었다(도2-5-3). 내부에서는 한자로 쓰여진 불경이나 일상적인 내용의 문서 외에도 티베트어, 몽골어, 위구르어, 서하어, 산스크리트어 등 다양한 언어로 기록 된 문서가 발견되었다. 현재는 흩어진 경전經典과 당시의 매매 계약서 등의 문서도 확인되었기 때문에 그 학술적 가치가 매우 높아 이러한 기술을 연구 대상으로 하는 '돈황학敦煌學'이라고 불리는 학문도 개척되고 있다.

제17굴에서 대량의 불전이나 문서가 발견된 뒤 당시 중앙아시아의 조사 여행하던 영국의 스타인Mark Aurel Stein과 프랑스의 펠리오Paul Pellit는 이러한 문서를 싼 값으로 사서 각각 모국에 가지고 갔다(도2-5-4). 게다가 일본의 오오타니大谷탐험대도 돈황 문서를 손에 넣기 위해 막

■ 도2-5-3　중국 돈황 막고굴 17굴

고굴로 향하였다. 이러한 내용은 마쯔오카 유즈루松岡讓가 집필한『돈
황물어敦煌物語』에서 잘 알 수 있다.

또 제17굴에 관한 최대의 수수께끼인 제16굴로부터의 출입구가 왜
막혀 있었는지에 대해서는 알 수 있다. 이 문제에 대해서 이노우에 야
스시井上靖가 소설『돈황敦煌』에서 서하西夏에 의한 돈황 침공을 피해
불전이나 문서를 은닉했다는 이야기는 유명하다.

그러나 현재는 서하도 불교를 신앙하고 있었기 때문에 그 이야기에는
부정적인 견해가 많다. 실제로 어떤 배경이 있었는지 상상해 보는 것
도 역사의 재미일 것이다(久保田).

우루무치(烏魯木齊)

우루무치시烏魯木齊市는 신강위구르자치구新疆維吾爾自治區의 수도이며 천산산 맥 동단에 위치한다. 한대漢代에 차사車師의 방목지이었으나 돌궐突厥에 속한 후 당대唐代에는 북정도호부北庭都護府의 관활 아래 윤대현輪坮縣이 설치되었

다. 또한 토번吐藩 후에 고창 高昌위구르를 거치고 몽골 제 국의 지배하에 들어간다. 18 세기 후반 청대淸代에 우루무 치로 개명되었고 토성을 쌓 고 나서는 적화迪化로 명명되 었으며, 나중에 신강성新疆城 이 설치되어 성도省都가 되었 다. 현재의 우루무치는 고층 빌딩이 빽빽하게 서있으며 신 강新疆의 정치, 경제, 문화, 상 공업, 교통의 중심이 되는 대 도시이다(도2-6-1, 2). 우루 무치에는 한족漢族, 위구르족

소릉태로
신강위구르
자치구박물관
흥산공원
우체국 〒 청년로
중국은행 ● ■ 우루무치시
민주로 박물관
흑룡강로 중산로
우루무치버스터미널 ● 〒 우체국
인민로 ●
해방남로 신화서점
우루무치 남역
우체국 〒

■ 도2-6-1 중국 우루무치 지도(岡內三眞 원도)

uygur族, 카자흐족Kazakh族, 몽골족Mongol族, 회족回族 등이 혼재하여 살고 있으며 최근 서부 대개발에 따라 한족의 이주가 진행되고 있다.

오납박고성(烏拉泊故城)

우루무치 시내에서 남쪽으로 10㎞ 정도에 위치하는 오납박고성은 우라노르 또는 우라보라고 읽는다. 오납박고성은 당나라 648년에 설치된 윤대성輪臺城에서 기원한 성이다(도2-6-3). 우루무치에서 가장 오래된 이 고성지에는 외성과 2개의 내성이 있다. 외성의 규모는 동서 약 450m, 남북 약 550m에 높이 약 4m의 판축 성벽이 남아있다. 동벽, 서벽, 남벽에 하나씩 북벽에는 2개의 성문터가 있고 방어용 문, 옹성甕城이 있다. 또 성내는 판축의 성벽에 의해서 3개의 구역으로 나눌 수 있으며 각각 옹성과 망루를 갖추었다. 방어 시설 중심의 이러한 구조에서 군사 방어적인 성격이 엿보인다. 두 내성은 북쪽에 쌓아 올렸으며 서쪽의 내성이 선축된 것으로 보인다. 호壺, 관罐 등 많은 토기와 도기, 연화문전蓮華文塼, 건축재 등 당唐, 서요西遼, 원元의 유물이 출토되고 있다.

도2-6-3 　중국 우루무치 오납박고성(烏拉泊故城)(岡內三眞 제공)

백양구(白楊溝)의 백수진(白水鎭)

우루무치 시내에서 동남 86km의 달반성達坂城에 백양구白楊溝라고 하는 협곡
이 있다. 협곡은 천산산맥 안을 남북으로 나누어 총길이가 26km로 매년 눈이
녹은 물로 인해 풍광이 좋은 곳이다. 아우렐 스타인Aurel Stein이 돈황敦煌 막
고굴莫高窟에서 입수한 당대 문서『서주도경西州圖経』에는 우루무치로부터 투
르판의 [백수간도白水澗道]라고 하는 길이 기록되고 있다. 고대부터 투르판과
의 교통로가 중요하다는 것을 알 수 있다. 또 막고굴 출토의 당唐대 석비에는
[백수진장白水鎭將]이라 하는 직책이 기록되어 있다. 이 [백수간도]가 백양구
를 지나는 교통로로 백양구의 서단에 남은 성지가 백수진지로 생각되고 있
다. 백수진지는 바위산의 정상부에 위치하여 넓은 범위의 조망권을 갖는다.
방형의 성벽이 남아 있고 흙과 자갈을 다진 판축이 잘 남아 있는 부분에서는
높이가 약 5m이며, 길이는 약 300m이다(도2-6-4). 아직 발굴조사가 되지
않아 유적의 정확한 연대는 불분명하다. 그러나 성벽면에 한漢~진晉대의 토
기편이 포함되어 있어 그 보다 후대에도 사용된 것을 알 수 있다. 성벽의 안

■ 도2-6-4 중국 우루무치 백수진(白水鎭)(岡內三眞 제공)

쪽은 자갈로 덮여있어 내부의 시설이나 구조는 명확하지 않다. 현재는 성벽의 밖에 건물이 복원 전시되고 있고 [달반성고성達坂城故城]이라는 경관을 살린 관광지로 되었다. 또 이 지구는 산의 사이에 바람이 불어 [풍구風口]가 되고 있어 중국 유수의 풍력발전지대로서 근래에는 해외로부터 주목받고 있다.

신강위구르자치구(新疆維吾爾自治區)박물관

1963년에 개관해 2005년에 재개관했다. 5만여 점에 달하는 자료가 전시되어 있다. 신강新疆 각지의 고고자료나 미술공예품 한자문서, 민족언어(카로슈티문자Kharosthī, 토번吐藩 문자. 위구르 문자 등)에 의한 문학사료 등을 전시한 [신강역사진열新疆歷史陳列], 신강新疆에 사는 12소수민족의 민속자료를 전시한 [민족민속진열民族民俗陳列], 미라를 전시한[신강고시전람新疆古屍展覽]

과[신강혁명자료전람新疆革命資料展覽]이 있다. 그 중에서도 1980년에 누란樓蘭의 유적에서 발견된 BC 1000년경의 코카소이드Caucasoid(백인종)미라인 누란의 미녀가 유명하다. 또 부채 등의 목제품, 견직물, 모직물, 난이나 월병 등의 음식, 포도, 호두, 밀, 조 등의 종자, 도용陶俑이나 목용木俑 등 아스타나 Astāna 고분군으로부터 출토된 잔존 상태가 좋은 유기질 유물도 꼭 봐야할 것이다.

우루무치 박물관

1884년에 지어진 청대의 묘로 1988년에 개수되어 현재는 우루무치시박물관이 되었다. 「석인石人·석비石碑」「우루무치도시건설사烏魯木齊建設史」의 전시가 있다(菊地).

|화염산(火焰山)과 하미(哈密)오이|

신강新疆은 연간 평균 강수량이 건조지역이지만 특히 투르판은 연간 강수량이 20㎜정도밖에 되지 않는다. 여름에는 고온이 되어 최고기온 48도를 기록한 적도 있다. 투르판의 시가에서 동쪽의 고창고성高昌故城과 아스타나고분군으로 향하는 길의 북쪽에 화염산의 이름처럼 불길이 솟아오를 것 같은 적색의 산이 보인다(도2-6-5). 천산산맥의 지맥인 화염산은 동서의 길이가 98㎞, 남북의 폭은 9㎞, 평균고도는 500m, 최고봉은 해발 851m이다. 노출된 산의 표면은 접곡褶曲 운동에 의해서 형성되었으며 산화한 바위가 붉게 보인다. 표면 온도가 60도 이상에 이르는 한 여름에는 피어오르는 아지랑이가 산을 거대한 불길의 벽과 같이 보이게 하여 여름의 바람을 한층 더 뜨겁게 한다. 사막의 오아시스 투르판의 특산품은 포도와 하미오이이다. 포도는 씨가 없는 포도, 백포도白葡陶, 녹객십합緑喀什哈, 적포도赤葡陶, 객십합포도喀什哈葡陶, 색색포도索索葡陶, 마유자포도馬乳子葡陶 등 다양한 종류가 재배되고 있다. 그대로 먹을 뿐만 아니라 건포도를 만들기 위한 포도

▋ 도2-6-5　중국 신강 화염산(村越稔 제공)

건조 오두막이 줄 서있는 광경을 쉽게 볼 수 있다. 하미오이는 신장위구르자치구 합밀哈密 원산의 멜론으로 합밀과哈密瓜라고 쓰고 중국어로 하미과라고 읽는다. 럭비공과 같은 타원형으로 껍질은 뒷맛이 상쾌한 것이 멜론의 맛과 조금 다르다. 하미는 투르판의 동쪽에 접하고 있으며 청淸대 투르판은 하미에 속하고 있었다. 하미오이의 이름의 유래는 하미의 번왕藩王으로부터 진상품으로 헌상된 하미오이를 먹은 강희제康熙帝가 그 맛을 높게 칭찬하고 '흡밀과哈密瓜'라고 이름 붙였던 것에서 기인한다고 한다. 화염산이 보이는 염열의 땅 투르판의 기후 풍토는 과즙이 많은 하미오이를 기르는 것뿐만 아니라 그 맛을 한층 더 달고 맛있게 하는 것이다(菊地).

카슈가르(喀什)

전한前漢시대 서역 36국의 하나인 소륵국疏勒國의 수도가 카슈가르喀什, Kash-gar이다. 신강위구르자치구新疆維吾爾自治區의 서쪽 끝에 해당하는 카슈가르시는 타클라마칸Takla Makan의 서단, 파미르고원의 동쪽기슭에 위치하며 이 지역의 중심도시이다(도2-7-1). 인구는 약 22만 명으로 위구르족이 약 70%, 한족이 약 20% 이상이지만, 그 외 다양한 민족도 거주하고 있다.

카슈가르는 파미르고원의 7,000m급의 산정 빙하로부터 흘러나온 풍부한 수원에 의해서 남강南疆에서도 제일의 비옥한 오아시스 도시를 형성하고 있다. 덧붙여서 파미르고원에 우뚝 솟은 빙하의 하나가 현재의 도시의 수원이 되고

■ 도2-7-1 중국 **카슈가르 지도**(岡內三眞 원도)

있다.

전한시대의 소륵국疏勒國은 서역도호부의 관할 하에 있었으며 후한後漢대에도 반초班超가 타림분지를 지배하고 있었다. 당대唐代가 되면 안서사진安西四鎭의 한 곳으로 도독부가 설치되었다. 10세기대에 카라한조Qarakhanid Dynasty 거점의 한 곳으로 터키계의 사람들과 이슬람교가 유입되어 카슈가르로 불리게 되었다. 명·청시대에 이르러도 이 땅의 정치·경제의 거점이었다. 현재에도 거리의 도처에서 바자르Bazaar에 시장이 열려 교통과 경제의 거점으로서 활황을 보이고 있다.

카슈가르(喀什)의 유적

아이티가르 모스크(艾提尕淸眞寺)(도2-7-2)

시의 중앙광장의 서북에 위치하는 중국 최대의 이슬람교사원이다. 현재도 이슬람교도의 중심적 활동거점이 되고 있다(도2-7-2). 사원의 창건은 동쪽

▌ 도2-7-2 중국 카슈가르 아이티가르사원(岡內三眞 제공)

차카타이한국chaghatai khanate의 지방 영주인 카슈가르왕이 1442년 무렵에 세운 소청진사小淸眞寺에서 기원한다. 18세기 후반 카슈가르에서 객사한 부유한 위구르 여성의 유산에 의해서 현재의 기초가 완성되었다. 현재의 아이티가르 모스크는 1872년에 크게 개축되어 현재의 규모가 되었으며 1980년대에도 전면적인 개축이 이루어졌다. 황색타일로 장식된 높이 12m의 정면 문루門樓나 문루 좌우에 우뚝 솟은 높이 18m의 첨탑, 정원 내에 있는 전체 길이 160m의 예배당 등이 볼만한 곳이다.

아팍 호자마자르(阿帕克和卓麻札 Khojas mazār 향비묘(香妃墓))

카슈가르의 북동 약 5km에 위치하는 17세기 이후에 이 땅을 지배한 일족의 묘지이다. 무덤이 축조된 1640년 당초當初에는 유수프 호자마자르, 아팍 호자마자르라고 불리고 있었지만, 현재는 향비묘香妃墓로 불린다. 유수프 호자는 이슬람교의 호자(성자의 칭호)의 손자이며 그의 아들 아팍 호자는, 아버지의 사후 카슈가르 호자로서 종교적·정치적 지도력을 독점했다. 아팍 호자가 아버지의 사후에 축조한 것이 유수프 호자마자르이며, 1693년의 아팍 호자의 사후 아버지의 옆에 매장되었기 때문에 아팍 호자마자르라고 불리게되었다. 또 묘내에는 향비의 관이 놓여져 있다.

　향비는 청의 건륭제乾隆帝(1711-99년)에게 시집간 카슈가르 태생의 위구르족 지배자의 딸이다. 몸에서 아름다운 향기가 났기 때문에 「향비」라고 불리었다. 사후 3년반의 기간에 걸쳐 124명의 종자從者에 의해 카슈가르까지 사체가 옮겨졌다고 하는 전설이 남아있다. 실제로 청의 궁정에서 1788년에 병으로 죽은 향비의 관은 하북河北에 있는 청의 동릉東陵의 유비원裕妃園에 매장되었다. 조사를 위해 향비로 여겨지는 관을 열었더니 금으로 새긴 아라비아문자로 향비의 이름이 쓰여져 있으며, 사체와 두발, 의복의 조각이 잔존해 있었다고 한다. 아팍 호자마자르의 묘당안에는 일족 5대 72명의 관이 안치되어 있으며 오른쪽의 모서리에 향비의 관이 놓여 있다.

한노이고성(汗诺依古城)

카슈가르시에서 동북쪽 약 28km에 위치하는 당대에서 송대에 걸친 유적이다. 카라한조시대의 초기 도성으로서 유명하지만, 유적에서 출토된 각종의 토기나 도편이 있고, 그 옹의 하나에서 약 120kg에 달하는 고전古錢이 출토되었다. 고대 동전은 당대에서 송대에 걸친 중국 동전, 아라비아문자 동전, 늦은 것으로는 청대의 동전도 확인할 수 있다. 고고학자인 황문필黃文弼은 이 성이 원래는 당대 소륵국의 「가사성伽師城」이며, 소륵疏勒, 소륵도독부疏勒都督府에 통치된 후 카라한조 초기에 왕도가 되고, 그 후에 여름 별궁으로서 기능했다고 해석하고 있다.

모르(莫爾)불탑(도2-7-3)

카슈가르시에서 동북 약 30km에 위치하는 유적에서 남쪽으로 챠크마카강恰克馬克河의 하도를 사이에 두고 한노이고성이 위치하고 있다. 동남측의 언덕에 소재하는 불탑과 불탑 부근에 있는 한 변 약 25m의 방형대가 주요한 유구이다. 방형대의 측면에는 불감의 흔적이 있어 불상을 안치하고 있었던 것

▍ **도2-7-3** 중국 카슈가르 모르불탑(岡內三眞 제공)

이다. 언덕의 아래쪽 일대는 사원이나 승방지이다. 유적 전체의 상세한 연대는 분명하지 않지만, 주위에 산재하는 적갈색이나 황갈색의 도편이나 녹유도편으로 볼 때 당대 혹은 10세기 무렵의 유적으로 생각된다.

삼선동(三仙洞)

카슈가르시의 서북 약 18km에 위치하는 석굴유적으로 챠크마카강 남기슭의 절벽에 3열로 개착되어 있다. 현지의 유일한 조기 불교석굴유적으로 안에는 약 70점의 벽화가 그려져 있었다. 굴 안에는 전후 2실로 나누어지고 천장은 돔형을 나타낸다. 현재는 절벽 산중턱에 있는 목제 계단이 노후하여 입실하지 못하며, 장방형의 입구 외관과 천장벽화의 일부만을 올려다 볼 수 있다(中條).

|카슈가르의 대 바자르(Bazaar)|

바자르는 사람들이 모여 물품을 매매하는 「시市」의 의미이다. 현재의 카슈가르에서는 거리의 여기저기에서 바로 바자르를 볼 수 있다. 그 중에서도 특히 규모가 큰 것이 동문 바자르이다(도2-7-4).

1992년이전, 동문 바자르는 일요일에만 열렸기 때문에 국내외의 관광 객에게서는 「일요 바자르」의 이름으로 사랑받고 있었다. 그러나 현재 는 관광객의 수가 증가하여 매일 개최되고 있으며 많은 사람으로 활 기차다.

바자르의 점포 앞에는, 난[17], 야채, 과일, 냄비, 의료품 등의 현지산의 식료나 일용품외 하미오이, 석류나무, 융단, 금속세공 등 카슈가르 및 신강新疆의 특산품이나 공예품도 진열되어 있다. 게다가 중국 내지의 제품, 터키Turkey, 키르키즈스탄Kyrgyzstan, 파키스탄Pakistan 등 국제색 이 풍부한 상품을 볼 수 있다. 이것들은 실크로드의 중계지로서의 카

▌ 도2-7-4   중국 카슈가르 대바자르(岡內三眞 제공)

---

17   인도의 넓적하게 구운 빵. 단지 모양의 솥 안 벽에 붙여서 구움.

슈가르를 잘 표현하고 있어 현대에도 실크로드의 존재를 실감할 수 있다.

카슈가르의 바자르의 역사를 풀어보면 이미 BC 128년에 장건이 서역으로 향해 갔을 때에 기록이 남아있다. 당시 카슈가르 일대는 「소륵국 疏勒國」으로 불리고 있었다. 소륵국에서는 성벽 내외의 도처에서 시市가 열리고 있어 매우 번성하였다고 한다. 실크로드의 시작은 장건張騫 이후로 여겨지지만 소륵국의 시장이 그 후의 실크로드 번영의 역할을 담당한 것은 틀림없다. 현재 카슈가르의 바자르에서 매매되는 각지의 다양한 물건들이 그것을 잘 보여준다.

지금 살아있는 실크로드의 분위기를 눈으로 보고 피부로 느끼고 싶다면 카슈가르 바자르까지 발길을 옮기면 좋을 것이다(久保田).

페르가나(Fergana)

페르가나분지는 우즈베키스탄 동부에서 타지키스탄, 키르기스스탄의 일부에 걸쳐 있다. 시르다리야Syr Darya 강 유역으로 2,000m급의 천산산맥에 둘러싸인 비옥한 토지이며 인구도 많다.

페르가나가 최초로 문헌에 기록된 것은 중국의 『사기史記』이다. BC 139년 무렵 전한前漢의 무제武帝가 파견한 장건張騫은 「대완국大宛国」·「강거康居」·「대월지大月氏」·「대하大夏」를 경유하여 귀국한다. 이 「대완국大宛国」이 현재의 페르가나 분지에 있던 나라이다. 페르가나 분지는 흉노匈奴, 에프탈Ephthal, 서돌궐西突厥에 의해 지배된다. 당唐대에는 대완도호부大宛都護府가 있었지만 705년에 우마이아조Umayyad dynasty의 침공으로 이슬람이 차지하였다.

■ 도2-8-1 우즈베키스탄 페르가나 지도(岡內三眞 원도)

현재 우즈베키스탄의 행정구분으로는 페르가나 분지에는 나만간주Naman-gan州, 안디쟌주andijan州, 페르가나주Fergana州가 있다. 중심지는 페르가나주의 주도州都인 페르가나시이다. 제정帝政 러시아가 1876년에 코칸드한국Khoqand Khanate을 정복한 후 성새를 기반으로 주둔지로서 새롭게 건설한 도시이다. 명칭도 노보·마르기란 등으로 바뀌어 1924년부터 페르가나가 되었다(도2-8-1).

페르가나(Fergana) 분지의 도시

도시로서 비교적 오래된 역사를 가지는 것은 페르가나보다 서북에 위치하는 코칸드Khoqand이다. 코칸드는 1732년, 코칸드한국의 수도로서 건설된 도시이다.

코칸드한국은 터키계 우즈베크족族을 주체로 하는 국가로서 페르가나 지방의 호족 에르데니베크가 부하라한국Bukhara Khanate으로부터 독립하여 건국하였다. 당시 동쪽에서는 청조淸朝가 동쪽 투르키스탄Turkistan을 신강성新疆省으로서 지배화를 진행하고 있었다. 코칸드한국은 청조淸朝와의 교역을 독점하면서 얻은 물품들로 부하라한국이나 카자흐Kazakh의 유목민, 러시아 등과의 중계 무역으로 번영하고 있었다. 그러나 제정帝政 러시아에 의해서 1876년부터 직할령으로 지배된다. 도시는 페르가나 분지의 종교와 무역의 중심이었지만, 제정帝政 러시아에 의해서 당시 거리의 모습이 바뀌어 버렸다. 그러나 코칸드한국의 마지막 왕인 프다야르칸의 궁전은 남아 있어 향토 박물관으로서 공개되고 있다.

페르가나분지에는 그 밖에노 오래된 역사를 가지는 도시가 있다. 페르가나시市에서 북쪽으로 약 15km의 곳에는 견직물로 유명한 마르기란이 있다. 또한, 페르가나 시가에서 동쪽으로 약 50km에 리시탄이 위치한다. 리시탄에서는 1000년 이상 전부터 도기의 제작이 행해지고 있다고 한다. 진한 청색의 유약釉藥이 특징적인 도기이다.

페르가나 분지의 박물관과 유적

페르가나 향토 박물관

페르가나 시내의 중심부에 있어 페르가나분지의 자연, 역사, 풍속 등을 테마로 전시하고 있다. 재배 작물의 사진이나, 민족의상, 유적의 출토 유물 등이 전시되고 있다.

쿠바(Quva)유적

페르가나 시가에서 동북쪽에 위치하는 도시인 쿠바Quva에 위치한다. 현지에서는 언덕을 의미하는 「테페tepe」라고 불리고 있다. 8세기의 아랍 침공으로 파괴된 6~7세기의 불교사원지이다. 소비에트 사회주의 연방공화국 말기에 발굴조사되었다. 사원지는 남향으로 높이 3.6m의 기단 위에 건조 벽돌로 쌓아 올려 방형과 장방형의 2실로 되어 있다(도2-8-2).

건물 내에는 벽화로 장식되며 중앙에 제단이 있으며 그 위에 사람의 약 2배 크기의 불상이 놓여 있다. 그 외에 이마에 눈이 있는 특징적인 불상이 출토되고 있다. 그 밖에도 여신, 동물, 말을 끄는 인물 등의 소조상塑造像이 출토되었다. 이러한 소조상塑造像은 직경 3~4cm의 통나무를 사용하여 뼈대를 만들고 위에 양털이나 말털을 붙이고 그 위에 입체감을 위해 점토를 발라 조형하였다. 그 때문에 외면과 뼈대 이외는 가운데가 비어있다. 표면에는 적赤, 백白, 흑黑, 금박金箔 등으로 채색되었다.

출토된 유물은 수도 타슈켄트의 우즈베키스탄역사박물관과 우즈베키스탄예술박물관에 전시되고 있다(米澤).

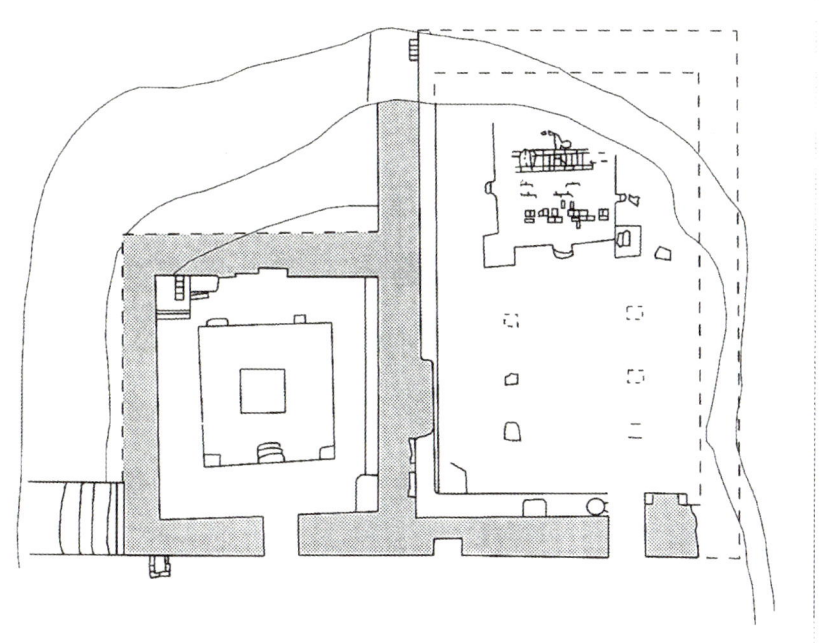

■ 도2-8-2　우즈베키스탄 페르가나 쿠바유적 유구배치도와 불상(岡內三眞 원도)

|한혈마(汗血馬)와 클로버(苜蓿)|

페르가나는 전한前漢 무제武帝의 시기에는 대형마나 준마의 산지로 알려져 있으며 이 말은 한혈마汗血馬라고 불리고 있었다. 한혈마汗血馬는 하루에 천리를 달릴 수 있고 피와 같은 땀을 흘리는 모습으로부터 이름이 붙여졌다. 한혈마에게 매료된 무제武帝는 페르가나에 사자使者를 보내 금제의 마상馬像을 주어 준마를 얻어오도록 했다. 그런데 동방의 사정에 어두웠던 페르가나는 한漢의 국력을 경시하고 이를 거절했기 때문에 화가 난 무제는 장군 이광리李廣利가 인솔하는 대군을 보내어 페르가나를 공격했다. 이광리는 4년에 걸쳐 마침내 페르가나를 항복시키고 한혈마를 얻었다고 한다.

준마인 한혈마汗血馬와 함께 말의 사육이나 조교에 뛰어난 마부나 조련사도 데리고 왔다. 말에 익숙한 목축민牧畜民은 승마법이나 기마전 기술에도 우수했다. 또한 가축용의 사료 알프 알파Alf alfa까지 말과 함께 전해졌다. 알프 알파는 콩과의 식물로 지중해 지방이 원산이다. 영양가가 높아, 사료로 적합하여 특히 말이 좋아하므로 동식물의 일본 표기명의 유래가 되었다. 일본에는 에도시대江戶時代에 사료로 반입되어 현재는 귀화 식물로서 각지에서 야생화 되었다. 목초지 주변이나 해변 등에서 잘 볼 수 있으며 봄에는 황색의 꽃을 피운다(山本).

사마르칸트(Samarkand)

사마르칸트는 우즈베키스탄공화국에 위치한 중앙아시아의 중심도시이다. 아무다리야Amu Darya 강의 지류에 위치하는 소그디아나Sogdiana에서 가장 오래된 도시의 하나이기도 하다(도2-9-1).

사마르칸트의 역사는 오래되었으며 BC 1000년 전반에는 농업을 경제기반으로 하는 도시가 성립되었다. BC 329년에는 알렉산더대왕의 중앙아시아 원정을 기록한 그리스 측 사료에 「마라칸다Maracánda」의 이름으로 등장한다.

그 후에도 실크로드의 상인으로 활약한 소그드인의 고향 중심도시로서 발전하여 중국 측의 사료에는 「강국康国」으로 기록되어 있다.

당시의 사마르칸트의 모습을 나타내는 것으로 10

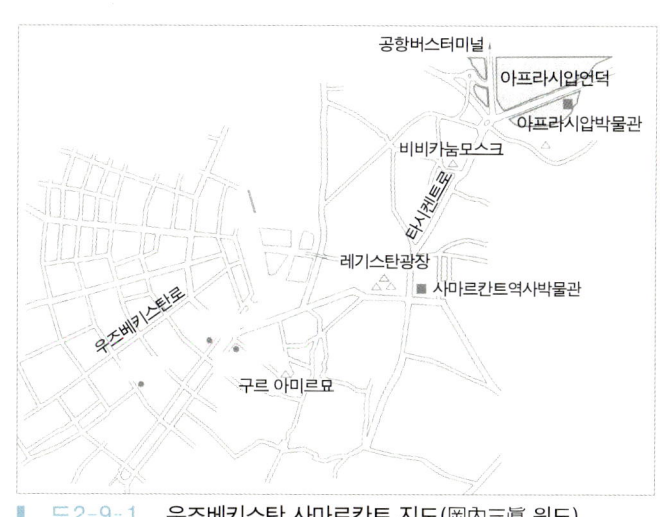

■ 도2-9-1 우즈베키스탄 사마르칸트 지도(岡内三眞 원도)

▌ 도2-9-2　우즈베키스탄 아프라시압 유적 복원도(동북아역사재단)

세기에 당唐대의 역사를 기록한 『구당서舊唐書』「서융·전西戎傳」강국의 조가 있다. 그 가운데 사마르칸트에는 「심목고비深目高鼻」에 「수염」이 많은 용모 의 사람들이 거주하며 「소그드어」를 배워 「상매商賣」에 능했다는 기록이 있 다. 또 같은 10세기의 이슬람 측 사료에는 전 세계에서 상인이 모이는 점, 마 을에 성새나 시가지가 있는 점, 종이를 생산하고 있던 점 등이 기록되고 있 다. 이러한 점들은 당시의 사마르칸트의 번영을 나타내는 중요한 사료라고

▌ 도2-9-3　우즈베키스탄 아프라시압 벽화모사도(동북아역사재단)

할 수 있을 것이다. 그러나 사마르칸트의 번영도 13세기 몽골군의 침공으로 괴멸적인 타격을 입는다. 도시는 파괴되어 황폐화되었다. 그 흔적이 남은 것이 현재의 사마르칸트 시가의 동북에 위치하는 아프라시압Afarasiab 언덕이다.

현재 아프라시압 언덕은 황량한 땅이 펼쳐져 있을 뿐이지만 국내외의 조사단에 의해 계속적으로 발굴조사가 행해져 사마르칸트 번영 당시의 성벽과 궁전지가 출토되었다〈도2-9-2, 3〉. 특기할만한 것은 1965년에 출토된 7세기의 궁전 벽화이다. 아프라시압의 언덕 중앙에 위치한 궁전지의 한방에서 출토된 벽화는 부실의 네 벽에 그려졌고 상부는 출토시에 파손되었지만 선명한 색채가 남아있다. 특히 서벽에는 중앙아시아 각국의 중국, 티벳, 한반도의 사절이 사마르칸트 왕을 알현하는 장면이 그려져 있다. 이것에서 당시의 사마르칸트가 동서남북에 많은 나라들과의 관계를 유지하면서 중요한 지위를 차지하였던 것을 엿볼 수 있다.

몽골군에 파괴된 이후 사마르칸트는 14세기 말부터 티무르조Timurid Dynasty의 수도가 되어 새로운 도시의 건설이 진행되었다. 이때에 건설된 도시가 현재의 사마르칸트와 직접 연결된다. 티무르조의 창시자인 티무르는 자신이 지배하는 중앙아시아부터 이란에 이르는 광대한 영토 각지에서 우수한 인재를 모아 장려한 건축물을 만들어 정치·문화의 중심으로 부흥시켰다. 또 제 4대 울루그베그Ulugh Beg는 우수한 학자로도 이름을 날린 왕으로 사마르칸트의 학문에 힘을 쏟아 당시의 세계수준의 천문대 등을 건설했다. 이

와 같이 다시 번영을 맞이한 사마르칸트였지만 티무르조의 분열·붕괴를 거쳐, 1500년 이후는 우즈베크계의 샤이바니조Shaybani朝와 부하라한국Bukhara Khanate에 통치된다. 그리고 1868년 러시아의 침략을 받아 그 보호령이 계속되어 소련의 자치공화국이 되었다. 1991년의 소련 붕괴에 따라 독립한 우즈베키스탄공화국의 주요도시로서 현재에 이르고 있다.

사마르칸트의 유적 · 박물관

사마르칸트역사박물관

레기스탄 광장 동쪽에 위치하는 사마르칸트에서 가장 큰 박물관이다. 1층과 2층으로 나누어지지만, 주된 전시는 2층에 있다. 전시 내용은 크게 역사와 민속으로 나누어지며, 역사 코너에서는 우즈베키스탄 각지의 유물을 연대순으로 전시하고 있다. 또 민속코너에는 많은 면직물, 모직물이나 민족의상, 공예품, 농공도구 등이 전시되어 있다. 실연實演 코너에는 융단이나 자수가 만들어지고 있다.

아프라시압(Afarasiab)언덕 · 아프라시압 박물관

아프라시압 언덕은 사마르칸트 시가의 동북에 위치한다. 그 동쪽 모서리에 아프라시압 언덕에서 출토된 유물을 전시하는 아프라시압 박물관이 있다. 박물관은 1층과 2층으로 나눠지고, 1층에는 토기와 동전, 궁전에서 출토된 벽화, 2층에는 유리제품, 각종의 유물이 전시되어 있다. 그 외에 아프라시압 언덕 모형과 발굴의 역사를 설명하는 패널 전시도 있다.

구르-에미르 묘(Gur-Emir廟)

티무르Timurid를 비롯한 티무르 일족을 매장한 사당이다. 티무르의 흑색 묘석 등이 있으며, 내부를 견학할 수 있다. 밤에는 조명이 비쳐져 칠흑의 어둠 속에서 블루의 돔이 떠오르는 듯한 환상적인 분위기를 느낄 수 있다.

비비카눔 모스크(Bibi-Khanum Mosque)

티무르에 의해 건설된 모스크이다. 이전에는 이슬람권 최대의 회교사원이었지만 붕괴가 많이 진행되고 있다. 현재는 복원이 이루어져 아름다운 청색의 돔이나 첨탑을 볼 수 있으나 내부에는 미복원된 부분도 남아있다(久保田).

아랄해Aral Sea는 우즈베키스탄과 카자흐스탄에 걸쳐 있는 아무다리야 Amu Darya 강과 시르다리야Syr Darya 강이 유입되는 내륙 호수이다. 이 전에는 면적 68 ㎡으로 세계에서 4번째로 큰 호수였다. 그러나 지금은 수량이 큰 폭으로 감소하면서 수면도 15m이상 저하되어 염분농도가 급상승하였고 면적도 세계 17위까지 떨어졌다. 남겨진 것은 바싹 마른 호수 바닥에 가로로 놓인 녹슬어 붙은 트롤선Trawler뿐이다. 도대체 무슨 일이 일어났던 것일까?

주된 원인은 소련의 자연 대개조 계획이었다. 1960년대 소련은 아무 다리야Amu Darya 강과 시르다리야Syr Darya 강 유역 일대에서 사막의 농업용지화를 목표로 하고, 면화재배를 위해서 대규모 관개나 운하건 설에 나섰다. 그러나 원래 염분이 많은 토지에서 대량의 물을 사용하 는 면화재배는 두 하천河川의 유수량流水量을 감소시켰고, 그 결과 아 랄해에 흘러 들어가는 물은 해마다 감소해 수위의 저하를 초래하였다. 그것이 광대한 아랄해를 바싹 마른 염호로 만들어버린 것이다.

이것은 생태계에 심각한 영향을 미치고 있다. 일찍이 아랄해는 사막 지대의 저수호로서 주변에는 초록의 식물이 무성하고 까마귀가 지저 귀고 있었다. 그러나 현재는 주변지역의 자연환경 열화劣化가 진행되 어 기후도 바뀌어 토양의 수렁화泥沼化로부터 건조화, 염지화塩地化가 진행되었다. 초지의 생산력이 저하되어 목축도 쇠퇴하고 동식물도 감 소하거나 멸종의 위기에 노출되어 있다. 생태계의 변화는 직·간접적 으로도 인간의 활동에 영향을 미쳤다. 종래 아랄해에서는 트롤선 어 업이 활발히 행해지고 있었다. 여러 종류의 물고기가 생식하고 있어 주변에서는 훈제가공도 번성했다.

그러나 80년대에는 물고기가 사라져 아랄해 어업이나 그 관련 산업은 사라지고 많은 항구도시가 황폐화되었다. 또 염해나 농약이 주변지역 의 주민의 건강에도 악영향을 미쳐 많은 주민이 영양실조나 간염, 호홉기 질환 등의 병으로 괴로워하고 있다. 지금 아랄해 재생을 위해 나라나 민족을 넘어 다양한 구제책이 시도되고 있지만, 아랄해의 원래 모습을 볼 수 있는 날은 한없이 멀다. 자연과 인간이 얼마나 관련되어 있는지 우리는 아랄해 문제로부터 많은 것을 배울 수 있다(阿部).

▌ 도2-9-4 　아랄해 보호 운동 기념 우표(岡內三眞 제공)

페르세폴리스(Persepolis)

아케메네스조 페르시아Achaemenid Persia의 수도인 페르세폴리스Persepolis유적은 이란의 시라즈Shirāz에서 북동으로 60km, 쭉 늘어서있는 가로수의 동쪽 끝에 건축기단이 나타난다(도 2-10-1).

페르세폴리스의 왕궁은 자그로스 산맥Zagros Mountains의 동남부에서 산을 배후에 두고 서쪽에 마르브다슈트Marvdasht의 평야에 면하여 세워졌다. 사람들이 살기 시작한 것은 BC 700년경

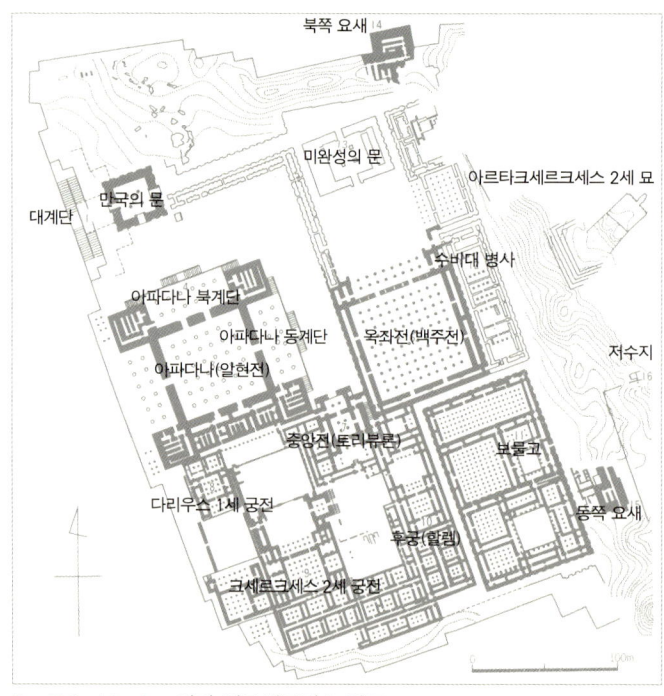

■ 도2-10-1   이란 페르세폴리스 지도

이다. BC 522년에 다리우스 1세Darius I가 페르시아를 통일하고, 이란고원부터 시리아, 이집트를 포함하는 대제국을 건설하였다. 여름 수도인 에크타바나Ecbatana[18], 겨울 수도인 수사Susa, 유프라테스Euphrates강에 연한 고도인 바빌론babylon, 키루스Cyrus대왕은 정원 도시인 파사르가다에Pasargadae를 건설했다.

페르세폴리스는 BC 520년경에 건설이 시작되어 다리우스Darius, 크세르크세스Xerxes, 아르타크세르크세스Artaxerxes의 제왕이 계속 축조하여 아케메네스조 페르시아를 대표하는 대궁전이 되었다. 쿠이 라흐마트Kuh-e Rahmat산의 경사면을 깎아 낮은 땅을 매립하여 암반을 정지하고 바깥에 절석을 쌓아 기단의 벽을 만들었다.

궁성지

장방형의 기단은 동서 약 300m, 남북 450m, 높이 14m이며, 그 위에 수많은 건물을 조영했다. 서쪽에서 높이 12m의 정면 대계단을 오르면, 거대한 만국의 문이 열려 있다. 남쪽으로 방향을 틀어 정원을 지나 알현전인 아파다나Apadāna로 나온다. 동쪽으로 나아가면 정무를 본 회의장, 게다가 정원을 사이에 둔 백주전百柱殿·옥좌玉座의 사이로 나아간다. 아파다나의 남쪽에는 다리우스의 궁전, 중앙 궁전, 크세르크세스의 궁전, 그 남쪽에는 후궁(할렘)의 작은 방이 늘어서 있다. 동남 구석에는 보물을 저장한 보고寶庫가 위치한다. 기단의 주변에는 문서고, 병사, 호위대 근무소, 마구간 외 아르타크세르크세스 2세, 다리우스 3세 등의 암굴묘岩窟墓가 조영되었다.

페르세폴리스 왕궁의 주연 일대에는 행성의 거리인 마테치스, 왕족, 귀족의 저택이 있는 피르지지구, 군마 관리 거점의 락칸지구, 역인役人의 저택이 있는 지구 등으로 구성된다. 주변을 포함한 페르세폴리스의 인구는 4만 5,000명 정도로 추측되고 있다.

---

18 지금의 하마단(Hamedan)

마케도니아Macedonia의 대왕인 알렉산드로스3세Alexander Ⅲ는 BC 331년에 가우가멜라Gaugamela의 회전會戰에서 다리우스3세Darius Ⅲ가 인솔하는 페르시아군을 무찌르고, 다음 해에는 페르세폴리스를 함락시켰다. 페르세폴리스의 건설과 관계된 이오니아인Ionian人과 그리스인Greeks人을 아테네에 데리고 가서 파르테논Parthenon 신전의 석주와 부조를 제작하였다. 페르세폴리스는 그리스군에 의해 약탈당한 후 동방 원정에 출발하기 전 BC 330년 5월경에 방화로 잿더미가 되고 말았다.

유적의 발굴(도2-10-2)

1802년에 독일의 그로테펜트G.F Grotefend가 페르세폴리스 출토 설형문자에 왕명을 해독하여 이 유적이 아케메네스조 페르시아의 궁전임을 입증하였다. 본격적인 발굴은 시카고대학 오리엔트연구소에 의해서 1931년에 개시되었으며 헤르츠펠트Ernst Herzfeld가 지휘했다. 1935년부터는 슈미트E. F. Schmidt가 조사를 담당하여 대규모로 발굴조사하였다.

발굴의 결과 아파다나, 옥좌의 문, 보고寶庫, 후궁은 심한 화재로 천장과 벽이 불타 내려앉아 상석과 타일이 검붉게 탄 것을 확인하였다. 재와 목탄의 퇴적층은 30~90cm의 두께이다. 재 가운데에는 가구나 일상생활 용품의 장식, 소형의 장식품이 발굴되었으나, 대형 제품이나 금은 세공, 보석의 종류는 대부분 눈에 띄지 않는다. 보물창고에서는 화기를 받은 대량의 점토판과 설형문서가 출토되었다. 화재로 인해 고온으로 타 굳어져 운 좋게 남았던 것이다. 페르세폴리스의 유물 정리와 보고서의 간행은 1964년의 슈미트가 죽을 때까지 계속되어 제3권은 사후의 1970년에 출판되었다.

이후 이란 고고국 주관하에 발굴과 보존, 복원되고 있다. 후궁의 일부를 개장하여 박물관으로 하여 출토품과 관련 자료를 전시하고 있다(岡內).

도2-10-2　이란 페르세폴리스(朴天秀 촬영)

|아케메네스조와 기마유목민|

페르세폴리스의 아파다나Apadāna(알현전)에는 조공하는 기마 유목민 사카 Saka의 부조가 있다. 사카는 머리에 뾰족한 모자를 쓰고 콧수염을 기른 모습 으로 그려져 있다. 그리고 승마에 적절한 바지를 입고 아키나케스akinakes라 고 하는 단검을 허리띠에 매달아 대퇴부에 착장하고 있다. 일반적인 발상이 라면 「어전에서는」 무기를 회수당하는 것이 상식적이겠지만, 사카만은 특별 대우받았다. 그 이유로 생각되는 것은 사카가 페르시아군의 핵심 부대로서 활약하고 있었기 때문일 것이다. 그리스와의 「페르시아 전쟁」에서 가장 잘 싸운 기병으로 평가되고 있다.

사카는 현재의 카자흐스탄 일대를 중심으로 활동하고 있었다. 헤르도트 스Herodotos의 『역사歷史』에도 자주 등장하고 거기에 기록된 풍모는 페르세폴 리스의 부조와 놀랄 만큼 일치하고 있다. 카자흐스탄의 동부에서는 사카의 왕자 무덤으로 추측되는 이식 쿠르간Issyk kurgan의 발굴에서 부조상과 닮은 의상을 입은 피장자가 발견되었다. 피장자는 금제의 귀걸이나 목걸이를 비 롯해 금제 장식판을 꿰맨 옷을 입고 있어 「황금인간」이라고 불린다(도2-10-3).

▌ 도2-10-3 이란 비슈툰비문과 카자흐스탄 이식 쿠르칸의 사카족(朴天秀 촬영)

페르시아와 관계가 깊은 기마 유목민이라고 하면 스키타이Scythai이다. 스키타이는 세계 최고의 기마 유목민으로 흑해 북해안에서 활동하고 있었다. 아케메네스조 페르시아의 다리우스 I 세는 북방으로 세력 확대를 계획했을 때 먼저 스키타이를 공략하려고 했다. 하지만 기동성이 뛰어난 스키타이는 퇴각한 것으로 가장하여 페르시아군을 자국 영토로 끌어들인 후 일거에 포위하여 다리우스군을 무찔렀다. 그 후 다리우스는 스키타이 제압을 포기하고 다른 북방의 적인 그리스와의 전쟁에 돌입한다(川畑).

팔미라(Palmyra)

시리아의 수도 다마스쿠스Damascus에서 동쪽으로 약 230km, 시리아 사막 중앙의 오아시스에 팔미라유적이 위치한다(도2-11-1). 팔미라 부근에는 약 7만 5000년 전의 구석기시대 동굴 유적이 있어서, 이른 시기부터 사람이 살았음을 알 수 있다. 기원전 2000년 즈음의 바빌로니아Babylonia의 점토판에도 이름이 나온다. 전성기는 BC 1세기부터 시작되는 팔미라 왕국의 출현부터이다. 원래는 오아시스 도시이며 농업을 기본으로 목축과 대상 무역에 종사하고 있었다. 1세기부터 2세기 중반에 걸쳐 동서무역이 육지와 해상을 통해 성행하였기 때문에 급속히

■ 도2-11-1　　시리아 팔미라 지도(岡內三眞 원도)

발전하였다.

팔미라의 역사에서 주목되는 것은 여왕 제노비아Zenobia일 것이다. 클레오파트라 7세Cleopatra VII의 먼 후손임을 자칭하며 지력과 무력을 겸비한 아름다운 여왕이었다고 한다. 아들을 왕으로 세우고 스스로 섭정으로서 실권을 잡아 268년에는 이집트를 공략하고, 유프라테스강에서 나일강까지 영토를 확장하였다. 그 후 273년에 로마 제국의 공격을 받아 거리가 파괴되면서 번영의 시대는 끝이 났다. 제노비아는 쇠사슬에 묶여 로마로 끌려갔다고 한다.

이후의 역사는 명확하지 않지만, 5~6세기에는 가산Ghassān왕국의 지배하에 들어가고, 이슬람시대에는 중요한 군사기지가 되었다. 유럽인의 해상 진출이 시작되면서 주요 교통로에서 벗어난 팔미라는 소외되어 버려지고, 벨 신전Temple of Bel 역내를 중심으로 하는 작은 취락으로 전락했다.

대상도시 팔미라

메소포타미아, 지중해, 터키, 이집트를 연결하는 고대 교통로의 중심부에 건조된 이 도시는 기원전 1세기부터 기원후 3세기까지, 실크로드의 대상 도시로서 발전하였다. 시민은 많은 건조물이나 조각, 벽화를 남기고 있어 독특한 팔미라 미술을 완성하였다.

팔미라는 대추 야자palm 마을이라는 의미로 그리스인이 이름을 붙였다. 현지에서는 타드몰Tadmor이라고 불리며 고대 아랍어로 대추 야자를 의미하는 말에서 파생되었다. 팔미라에는 현재도 수십만 그루의 대추 야자, 올리브, 석류나무의 나무들이 무성하여, 사막과 초록과의 대비가 눈부시다. 실크로드의 상인들은 그 아름다움에 감탄하여 「장미의 거리」라고 칭송하였다. 1980년에 유네스코 세계유산에 등록되어 중동에서 가장 아름다운 유적 가운데 하나가 되었다.

지하수가 풍부하게 솟아 나오고 있어 카나트와 수도교 등의 인공수로로 도시를 확대시켜 갔다. 또 유황온천이 있고, 주변에는 석회암이나 대리석의 채굴장, 염전, 목초지가 있었다. 자연이나 자원이 풍족하기 때문에 서아시아의 중심적인 대상도시隊商都市로서 번성하여 많은 사람들이 모였던 것이다.

유적

팔미라유적은 총면적이 600만*km*를 넘고 주위 11*km*를 낮은 시벽이 반원형으로 둘러싼다. 그 중에 석회암으로 만든 다수의 원주나 건축물이 세워져 있다 (도2-11-2).

▌ 도2-11-2　　시리아 팔미라 유적 전경과 열주도로(奈良縣立彊原考古學研究所 제공)

■ 도2-11-3 시리아 팔미라 F호묘 주실과 석관조각(奈良縣立彊原考古學研究所 제공)

성내의 동남부에 벨신전Temple of Bel이 있고 북서에 기념문, 열주도로列柱道路, 네보신전Temple of Nebo, 목욕탕, 야외극장, 원로원, 아고라agora 사면문四面門, 바알샤민신전Baalshamin Sanctuary, 주택가, 디오클레티아누스Diocletianus의 군영 등이 있다. 시벽밖에는 묘지가 있으며 남부에는 대추 야자 등의 과수원이 펼쳐져 있고, 남서부에는 온천이 솟는 에프카Efqa의 샘이 있다. 17세기 이후에는 유적을 탐방하거나 유적 출토 비문을 연구하는 사람이 있었다. 본격적인 조직적 발굴조사는 1925년 이후 프랑스인들이 실시하였다. 근년에는 외국조사대도 시리아 고고국考古局의 원조 아래 유적을 발굴하고 있으며 일본의 나라·실크로드박람회재단도 동남 묘지에서 발굴조사를 실시하여 성과를 올리고 있다.

벨신전(Temple of Bel)

32년에 건립된 팔미라 최대, 최고로 여겨지는 건조물이다. 둘레의 벽은 방형으로, 동서 210m, 남북 205m, 남변 중앙에 문이 있고, 열주를 돌렸다. 본전은 중앙석 단상에 있고, 북쪽의 사당에 주신主神 벨, 시신侍神 야르히볼Yarhibol(태양신), 아그리볼Aglibol(달의 신)의 3신상이 모셔지고 있다.

기념문과 열주도로(列柱道路)

문은 중앙과 양측의 3개의 통로로 구성되며 조상을 실은 대좌에는 대추 야자인 아칸서스akanthos[19]·포도 당초·진주 등의 화려한 문양이 베풀어졌다. 중심도로는 길이 1,200m, 약 80개의 기둥이 재현되고 있다. 도로의 양측으로는 다양한 건축물이 세워졌다.

네보신전(Temple of Nebo)

네보Nebo는 바빌로니아의 신인 마르둑Marduk의 아들로 팔미라에서는 아폴

---

19 쥐꼬리망촛과에 딸린 여러해살이 풀. 톱니 모양의 잎, 강하게 곡선진 줄기를 가진 이 식물은 그리스·로마 시대 이래 장식 도안으로 전세계에서 사용되고 있다

로Apollo로 비정되고 있다. 6개로 된 기둥의 문을 들어가면 열주회랑列柱回廊에 둘러싸인 대성역을 중심으로 신전이 있었다. 북변은 열주도로에 의해 비스듬하게 잘려나갔다.

유적 전체를 바라보려면 유적 서부의 중세 이슬람 성채가 좋다. 중세 이슬람 시대의 건축물로 15세기에 십자군에 대항하기 위해 요새를 쌓았다가 17세기에 성이 되었다. 팔미라의 번영은 끝났지만, 사막에 멈추어있는 아름다움은 지금도 온 세상의 사람들을 매혹시킨다(阿部).

사산조 페르시아의 은화

사산조 페르시아는 226년부터 651년까지 이란 고원 및 메소포타미아 지역을 지배한 이란계의 왕조이다. 국교는 조로아스터교로 역대의 왕은 「샤Sha(왕)」혹은 「샤한샤Shahansha(제왕의 왕)」라고 칭했다.

사산조 페르시아는 통화로서 화전貨錢, 코인을 대량으로 발행하였다. 금화나 동화도 제작되었지만, 중심은 드라크마Drachma 은화였다(도 2-11-4). 사산조의 은화는 얇고 크며, 왕의 초상이나 명문 등의 문양을 양면에 타출한다. 명문은 팔라비pahlavi language로 불리는 중기 페르시아 문자로 기록한다. 표면에 타출된 왕의 초상은 오른쪽 방향의 옆얼굴이며, 왕에 따라 왕관이나 장식에서 차이가 난다. 이면에는 조로아스터교의 배화단拜火壇과 그 옆에 서있는 2명의 사제 문양이 새겨진다. 스탬핑stamping에 의해서 금, 은, 동화를 만드는 방법은 서아시아에서 넓게 볼 수 있는 수법으로 문양은 앞뒤 양면에 베푸는 것이 통례였다. 사산조 페르시아 은화의 흥미로운 특징 중 하나는 표면에 대해 이면의 문양이 90도 혹은 270도 회전되어 있었다는 점이다. 이것은 은화가 얇기 때문에 앞뒤에 명문의 위치를 비틀어 명료하게 표시하고 갈라지는 것을 막기 위해서이다.

■ 도2-11-4 　중국 출토 낙양시 망산30호묘 사산조페르시아 은화

사산조 페르시아의 은화는 질이 좋고 신용도도 높았다. 그 때문에 주변 모든 왕조에서 모조화를 제작하거나 혹은 사산조 은화에 인증 각인을 하여 자국의 공적 통화로 삼은 에프탈Ephthal 등의 사례도 있다. 또 은화에 구멍을 뚫어 팬던트나 귀걸이로 이용한 예나, 시신의 눈을 가리거나 입속에 넣어 무덤에 부장하는 경우도 있다. 이러한 사례는 실크로드 각지에서 볼 수 있어서 사산조 페르시아 은화의 광대한 유통 범위를 증명하고 있다(도2-11-2)(山本).

콘스탄티노플(Constantinople)

콘스탄티노플(라틴어명: 콘스탄티노폴리스)은 현재 터키 공화국 서부 이스
탄불시Istanbul市에 위치한 도시이다.

　콘스탄티노플에는 일찍이 고대 그리스의 식민 도시 비잔틴Byzantine이 있
었다. 비잔틴은 기원 전 7세기경에 도리아계 그리스인이 만든 도시국가이다.
로마제국에 속국화된 후에도 자유도시로서 보호되었지만 196년에 로마황제
셉티미우스 세베루스Lucius Septimius Severus에 공격받아 파괴되었다. 이후 폐
허로 방치되었
지만 이윽고 로
마제국의 도시
비잔티움Byzan-
tium으로 부흥
한다(도2-12-
1).

　330년 로마
황제 콘스탄티
누스Constanti-
nus가 비잔티움
으로 제국의 수

■ 도2-12-1　터키 이스탄불 지도(岡內三眞 원도)

도를 옮기고, 명칭을 노바·로마(신로마)로 고친다. 그러나 이 정식명칭에도 불구하고 당초보다 콘스탄티노폴리스(콘스탄티누스의 도시)로 불리고 있었다. 395년에 동서로마제국이 분열하면서 콘스탄티노플은 동로마제국(비잔틴제국)의 수도가 되었다. 그 후로 1000년이 넘는 세월동안 영화를 누렸지만, 1453년 오스만제국Osman Empire의 술탄 마흐메드 2세Mehmed II의 공격으로 함락되었다.

오스만제국이 된 후 시내에서는 새로운 모스크(회교사원)가 건축되거나 그리스도교회가 이슬람교의 모스크mosque로 전용·개축되는 등 이슬람화가 진행된다. 오늘날 이스탄불시에서 볼 수 있는 유적이나 중요한 건축물에 이슬람 건축이 많은 것은 이 때문이다. 이러한 문화유산은 이스탄불 역사 지역으로서 1985년에 유네스코 세계유산으로 등록되었다(도2-12-2).

▌ 도2-12-2　터키 이스탄불 시가

성 소피아 성당(Hagia Sophia)

기원은 황제 콘스탄티누스Constantinus에 의해 360년에 창건되고 재건을 반복
한 끝에 537년에 완성된 동로마제국 시대의 교회이다(도2-12-3). 콘스탄티

▌ **도2-12-3**　터키 이스탄불 성 소피아성당(상: 岡內三眞 제공, 하: 조윤재 제공)

노플이 함락되면서 모스크로 개수되었다. 1935년 이래 박물관으로서 일반에게 공개되고 있어 수많은 모자이크화를 볼 수 있게 되었다.

예레바탄 지하 궁전(Yerebatan Basilica Cistern)

성 소피아 성당Hagia Sophia의 맞은편에 있는 예레바탄 지하 궁전은 532년에 황제 유스티니아누스Justinianus에 의해 불과 수 개월만에 완성된 동로마제국 시대의 지하 저수지이다. 규모는 폭 70m, 깊이 14 m, 천장의 높이 8m로, 저수량은 대략 8만m^3이다. 저수지는 4m 간격으로 배치된 336개의 원주柱로 유지되고 있지만, 원주의 양식은 통일성은 없고, 메두사Medusa의 머리 부분이 조각된 석상을 초석礎石 대신에 사용한 예도 있다. 현재는 일반에 공개되고 있어 조명과 음악에 의한 연출도 즐길 수 있다.

톱카프 궁전(Topkapi Palace)

1478년에 완성한 신 궁전을 중심으로 19세기에 사용되지 않게 될 때까지 역대 술탄에 의해서 계속 증축된 궁전이다. 현재는 박물관으로 호화로운 장식이 유명한 톱카프의 단검 등이 전시되고 있다.

슐레이마니예 모스크(Suleiman Mosque)

슐레이만 I 세 때 터키 사상 가장 유명한 건축가 미마르 시난Mimar Sinan에 의해서 1557년에 완성된 모스크이다. 마드라사madrasa(신학교)나 바자르Bazaar, 병원, 대상숙隊商宿 등 많은 시설이 부속되어 복합시설이 되었다. 또 모스크에는 4기의 미나레트minaret[20]가 있으며 2기에는 2개씩, 다른 2기에는 3개씩 합계 10개의 발코니가 설치되었다. 이것은 슐레이만 I 세Suleiman I가 오스만 투르크Osman Turk의 10대째 술탄인 것을 나타내고 싶었기 때문이라고 한다.

---

20 이슬람 신전에 부설된 높은 뾰족탑

술탄 · 아흐메트 모스크(Mosque of Sultan Ahmet Ⅰ)

아흐메트1세Ahmet Ⅰ에 의해 1616년에 완성된 이스탄불에서 가장 훌륭하다
고 평가되는 모스크이다. 건설장소는 톱카프 궁전Topkapi Palace에 근처라는
이유로 콘스탄티노플의 중심인 히포드로모스Hippodromos(경마장)이 선택되
었다. 모스크 건설로 인하여 동로마제국 시대나 초기 오스만 제국 시대의 건
물이 많이 파괴되었다. 미나레트minaret 6기를 가지는 모스크는 유일하며, 흰
색을 기조로 파랑과 초록으로 채색된 타일때문에「블루모스크」라고도 불린다.

카리예 박물관(Kariye Museum)

시작은 코라 교회Chora Church의 부속 성당으로서 11세기에 건설된 소테르
Soter(구세주)성당이 모체이다. 증개축이 더해져 16세기에는 모스크로 개축되
었다. 잘 보존된 아름다운 모자이크화mosaic와 프레스코화fresco를 볼 수 있다.

고고학 박물관

톱카프 궁전 제안마당 내에 있는 고고학 박물관은, 1891년에 개관한 터키
첫번째 박물관이다. 고대 그리스 로마와 아나톨리아Anatolia[21]의 유물 등이
전시되고 있다(山本).

---

21 비잔틴 제국(帝國) 이래의 '소(小)아시아'의 호칭. 터키 공화국의 대부분을 차지함

톱카프 궁전(Topkapi Palace)의 중국·일본산 도자기

톱카프 궁전은 마흐메드 2세Mehmed II의 명령에 의해 건설되었다. 1478년부터 1853년까지의 대략 400년의 긴 세월에 걸쳐 역대 술탄들의 거주지이며, 정치의 장소이기도 했다. 현재는 박물관으로서 일반 공개되어 장엄한 궁전내에서 오스만 투르크의 유물을 감상할 수 있다. 궁전 제2안마당 현관의 뒤 우측에 주방이 있다. 오스만제국을 대표하는 건축가인 미마르 시난Mimar Sinan이 지은 것으로 여기서 술탄이나 그 가족, 하인 등 톱카프궁전에 거주하는 사람, 방문하는 사람을 대접하는 식사를 조리하였다. 현재 이 주방에서는 톱카프 궁전이 소유한 도자기의 일부가 전시되고 있다. 대부분이 중국제와 일본제의 채색화 자기로 수량은 1만점에 달한다. 수량이나 기종의 풍부하고, 연대의 폭이 넓어 세계에서도 유례없는 귀중한 컬렉션collection이다. 이러한 방대한 컬렉션은 400년에 걸쳐 다양한 방법으로 수집되었다. 무역으로 얻은 도자기는 중국中國-말라카해협Strait of Malacca-인도양India Ocean-페르시아만Persian Gulf-홍해Red Sea-아라비아 반도Arabian Peninsula라고 하는 바다의 실크로드를 통해 도착한 귀중품이었다. 또 오스만 투르크의 활발한 정복 활동의 전리품이나 술탄에게로의 헌상품으로 더해진 것도 있다. 가장 많다고 여겨지는 것은 상속세로서 신하臣下, 특히 중동 지역에 재임 중인 관리들로부터 징수한 것들이다. 이렇게 모아진 도자기의 대부분은 감상용이 아니고 실용품이었다. 축하연祝賀宴이나 정찬正餐에 도자기를 음식기로 이용하는 것은 손님을 환대하는 마음의 융숭한 대접이었다. 오스만 투르크를 방문한 외국의 사신들은 이러한 도자기에 관하여 서적에 기록하고 있다. 이스탄불은 옛날부터 많은 나라, 민족, 문명의 교차점이었다. 먼 동쪽의 나라로부터 온 이러한 도자기는 다양한 여로旅路와 이야기를 담고 있을 것이다(阿部).

실크로드 안내서 소개

총론

히라야마 이쿠오(平山郁夫)감수/ 나가사와 카즈토시(長澤和俊) 저 2005 『講談社版 新シルクロド-歷史と人物』講談社, 講談社DVDbooks, 全20卷
실크로드의 역사를 모두 20권에 담아, 주제에 따라 간결하게 정리했다. 타림 분지 주변의 여러 오아시스 도시를 중심으로, 서쪽은 그리이스, 동쪽은 일본까지 광대한 지역을 대상으로 한다. 문장 중에는 풍부한 도면과 사진이 삽입되어있는 것 외에, 세트로 DVD가 부속되어있어 시각적으로 이해하기 쉬운 내용으로 구성되었다.

나가사와 카즈토시(長澤和俊)감수 2005 『シルクロド-入門』東京書籍
실크로드의 기본적인 지식, 인물, 도시, 유적 등을 항목과 함께 쉽게 설명한다. 용어설명과 원색 사진도 많이 삽입되어있다. 책 말미에는 실크로드를 여행할 때의 관광 루트, 휴대품 등의 예를 설명하고 있다.

나가사와 카즈토시(長澤和俊)편 2002 『シルクロド-を知る事典』東京堂出版
실크로드 연구에 많은 선구적인 업적을 남기고 있는 편자가 실크로드에 관한 기본적 지식을 망라하여 정리한 실크로드 연구의 표준이 되는 책이다. 일반적으로 실크로드라는 인식되는 오아시스로 뿐만 아니라 초원로, 남해(南海)로, 불교전래, 파미르(Pamir) 이서의 각 루트에 대해서도 항목이 있어, 실크로드의 전체적인 이해를 도와준다. 사전이지만 큰 테마와 함께 항목을 만들어 구성하여 큰 흐름으로 전체를 파악할 수 있다. 또한 책 말미에는 색인이 만들어져 있어 용어의 해설도 알 수 있다.

왕월(王鉞) (金連絲 譯) 2002 『シルクロド-全史』中央公論新社
난주대학(蘭州大學) 교수인 저자가 2000년에 중국에서 출판한 『亞歐大陸交流史』를 일본어로 번역한 개설서이다. 중원 신석기시대의 채도(彩陶)부터 현재의 서부대개발에 걸치는 문제까지, 실크로드의 역사를 시간축에 따라 망라하였다. 실크로드의 근현대사를 배우고 싶은 사람에게는 중요한 책이 될 것이다.

나가사와 카즈토시(長澤和俊) 1993 『シルクロ-ド』講談社, 講談社學術文庫
1962년에 간행된 校倉書房版에 새로운 견해를 더하여 다시 간행한 것이다. 선사시대에서 현대까지의 실크로드에 관한 역사를 시적으로 기록했다. 대학 강의를 바탕으로 하여 집필되었기 때문에 실크로드에 관한 개괄적인 지식을 배우고 싶은 사람에게 추천한다.

나가사와 카즈토시(長澤和俊) 1983 『シルクロ-ド-文化史』白水社, 全3卷
저자가 NHK 시민대학(市民大學) 강좌에서 강의한 내용을 정리한 강의록이다. 첫 번째 책은 한 대(漢代) 이전, 두 번째는 당대(唐代)까지, 세 번째는 원대(元代) 이후로 되어있다. 강의록이라는 성격으로, 문체도 구어로 되어있어, 상당히 읽기 쉽고 실크로드의 역사를 이해하기 쉽다.

초원로(草原路, Steppe Route)
하야시 토시오(林俊雄) 2007 『スキタイと匈奴 遊牧の文明』講談社, 興亡の世界史 第02卷
동물의 가축화에서 유목·기마의 발생에 대해 서술한 후, 기마유목민인 스키타이와 흉노에 대해 고고학·문헌사학에서 왕권(王權)의 탄생과 발전을 서술한다. 개설에 머물지 않고 유목국가에서 문명의 존부(存否)를 밝힌 의욕적인 일면을 보여준다. 제1장에서는 저자가 몽골에서 종사한 유적발굴의 성과와 그 고찰도 기록되어 있고, 최신 정보도 접할 수 있다. 실크로드의 초원지대에 관한 정보를 망라한 훌륭한 저작이다.

하야시 토시오(林俊雄) 2006『グリフン飛翔-聖獸からみた文化交流』雄山閣, ニーラシア考古學選書

상상의 성수「그리핀」을 키워드로 그 성립과 전개, 변용(變容)을 서아시아를 중심으로한 시점에서 설명한다. 게다가 초원지대를 통한 중국에의 그리핀의 전파에도 언급하고, 중국에서 보이는 유익수(有翼獸) 전설에의 영향을 주장한다. 주제를 좁혀 상세한 검토를 더하여 유라시아 동서에 관한 사상과 문물의 전파와 변용을 훌륭하게 묘사하는 것에 성공했다.

카와마타 마사노리(川又正智) 2006『漢代以前のシルクロド-運ばれた馬と青金石-』雄山閣

장건(張騫)의 서역파견으로 시작한 실크로드의 성립이전에도 동서 교섭의 루트가 존재한 것을 설명한다. 제1장에서는 동서 교섭의 개념규정, 제2장에서는『사기史記』와 헤르도토스의『역사歷史』의 기술에서 장건 이전에 대한 동서교섭 루트의 확인, 제3장 이후에서는 구체적인 유물을 들어 장건 이전의 동서 교섭을 설명한다. 일반적으로 알 수 있는 실크로드 이전의 상황을 구체적으로 상술한다.

하야시 토시오(林俊雄) 2005『ニーラシアの石人』雄山閣, ニーラシア考古學選書

중앙유라시아의 초원지대에 넓게 분포된 석인에 대해서, 그 표현과 다른 유구와의 관계, 중국을 기원으로 한 주변지역의 석상과의 관계를 통하여 논하였다. 제1부에서는 석인에 관한 기초적 정보, 제2부에서는 유럽·서아시아와 중국에서 보이는 석인을 비교자료로서 검사하고 제3부에서는 석인이 쇠퇴한 돌궐기(突厥期) 이후의 양상을 보여준다. 실크로드의 초원로에 흥미가 있는 사람에게는 주요한 참고문헌이 될 것이다.

후지카와 시게히코(藤川繁彦) 편 1999『中央ニーラシアの考古學』同成社, 世界の考古學6

세계의 고고학 시리즈 중의 한권으로 중앙유라시아의 초원지대에 특화된 고고학의 개설서이다. 유라시아의 고고학연구를 견인하는 연구자 5명이 분담하여 집필한다. 제1장에서는 초원세계의 형성기를 논하고, 제2장 이후에서는 지역마다 문화변천을 설명한다. 그리고 제5장에서는 고투르크기(古Turks期) 이후를 일괄하여 서술한다. 이 책은 순수하게 고고학적 자료로서 중앙유라시아의 역사를 묘사하고 있다. 초원지대의 고고학에 흥미 있는 사람에게는 필독서이다.

사와다 이사오(沢田勲) 1996『匈奴-古代遊牧國家の興亡』東方書店, 東方選書

문헌사료를 주로 다루어 흉노의 등장, 분열, 쇠망 등을 구체적으로 논한다. 또한 흉노에 관한 연구와 논쟁 등을 정리하고 있어 구체적인 이해를 도와주는 책이다.

카와마타 마사노리(川又正智) 1994『馬駆ける古代アジア』講談社, 講談社選書

기원전 6000년부터 기원 전후까지를 대상으로 하여 말과 마차를 통한 동서교류를 고고자료와 문헌사료를 구사(驅使)하여 설명한다. 제1장에서는 말 이용의 개시, 제2~4장에서는 전차를 중심으로 한 차량의 발명과 전파, 제5장에서는 기마와 유목, 제6장에서는 말의 사회적 위치, 마지막장에서는 한무제(漢武帝)가 바랐던 천마에 대해서 서술하였다. 초원지대의 동서교류의 양상을 그렸다.

사막로(沙漠路, Oasis Route)

모리야스 타카오(森安孝夫) 2007『シルクロ-ドと唐帝國』講談社, 興亡の世界史 第05卷

서양중심주의적 역사관에서의 탈각(脫却)을 주목하여 유라시아 역사의 이해에 불가결한 중앙유라시아에서의 시점에서 실크로드와 당제국의 역사를 기술한다. 실크로드의 교역을 담당한 소그드인을 비롯해 터키계의 돌궐과 위구르에 관한 역사를, 당의 성쇠(盛衰)와 연결시키면서 문헌사료를 이용하여 서술한다. 서장(序章)을 대강 훑어보면 이 책이 단순한 실크로드의 개설서가 아니라, 보다 보편적인 역사학적 가치를 추구하는 역작이다.

아카마츠 아사히코(赤松明彦) 2005 『樓蘭王國-ロプ・ノール湖畔の四千年』 中央公論新社, 中央新書

중국의 고전적(古典籍)에 의하면 기원전 100년 전후에 존재했다고 하는 누란왕국의 역사를 누란왕국 이전과 이후를 시야에 넣으면서 고찰하였다. 문헌사료를 많이 인용한 외에, 스타인부터 현재에 이르는 고고학적인 조사도 언급한다. 긴 시간에 걸쳐 축적된 누란 연구를 체계적으로 서술하고 있다.

아라카와 마사하루(荒川正晴) 2003 『オアシス國家とキャラバン交易』 山川出版社, 世界史リフレット62

당대까지 파미르고원 동서의 건조지대에 산재했던 오아시스 국가와 그 성쇠에 관계된 캐러밴 교역에 관해서 설명한다. 특히 캐러밴 교역을 독점적으로 담당했던 소그드인의 동향을 통하여 중앙아시아에서 중국에 이르는 교역 네트워크의 변용을 설명하고, 실크로드의 교역에 관해서 정면으로 해명을 시도 하였다.

나카이 신코우(中井真孝)・코지마 야스타카(小島康誉) 2002 『シルクロド-ニヤ遺蹟の謎』 東方出版

일중(日中) 공동 니야유적 학술조사의 상황을 모두 원색사진으로 소개한 사진집이다. 니야유적은 19세기 초두에 스타인이 발견한 서역남도에 위치한 도시유적이다. 그 발굴조사의 모습과 출토 유물, 조사대의 생활 등을 알기 쉽게 사진으로 나타낸다.

미야지 아키라(宮治昭)·NHK「キジルプロゼェクト2000『シルクロド-キジル大紀行』日本放送出版協會

NHK의 BS스페셜「실크로드 되살아난 키질석굴군」의 취재·촬영기록을 출판한 것이다. 신강(新疆)의 현재에서 시작하여 키질석굴이 위치한 쿠차의 역사를 개관한 것으로 키질석굴에 관한 여러 문제에 대해 고찰한다. 또한 구마트라석굴과 심심석굴 등도 다루고 있어 초기 불교석굴에 관한 기초적인 정보를 얻을 수 있다. 문체가 흥미롭고 평이하다.

해로(海路, Sea Route)

미스기 타카토시(三杉隆敏) 2006 『海のシルクロド-を調べる事典』芙蓉書房出版

초원로와 사막로에 이어 열렸던 바다의 실크로드에 관한 사전이다. 항구·마을·배·유적·침몰선, 인물, 기록·문헌, 현재의 박물관 등의 큰 항목(項目)마다 각각 용어 설명이 되어있다. 책 초두에는 항목일람, 권말에는 색인이 있어 찾고자 하는 용어를 효율적으로 검색할 수 있다.

미카미 츠기오(三上次男) 1969 『陶磁の道-東西文明の接點を訪ねて』岩波書店, 岩波新書

이집트와 서아시아 각지에서 출토·전세되는 중국 도자기를 통해 그 동서교류의 무역루트를 설명하고, 그것을 도자의 길로 부른다. 남해(南海)루트의 실크로드를 실증적으로 연구한 책으로 쉬운 문체여서 상당히 읽기 쉽다. 도자기에 조예가 깊은 저자가 넓은 시야로 집필한 연구사적으로 의미있는 책이다.

이케하다 코이치로우(稻畑耕一郎) 감수/ 유위(劉煒)편 2005~2007 『圖說中國文明史』創元社, 全10卷

중국의 역사를 시대별 원색 사진을 많이 사용한 개설서이다. 중국사를 중심으로, 특히 제4권의 진한(秦漢), 제5권의 위진남북조(魏晋南北朝), 제6권의 수당(隨唐), 제8권의 요서하금원(遼西夏金元)에는 실크로드에 관한 항목이 있어 각 시대에 걸친 서방과의 관계를 개관할 수 있다.

모미야마 아키라(籾山明) 1999 『漢帝國と邊境社會-長城の風景』中央公論新社, 中公新書

한(漢)왕조는 흉노(匈奴)와 대립하면서 서북지역에 많은 군사적인 거점을 쌓았다. 이 책에서는 이들 지역에서 발견된 목간(木簡) 등을 구사하여 한의 봉화대(烽火臺)와 장성, 검문소의 모습, 그곳에서 생활한 병사들의 생활이나 관료조직 등에 접근하였다. 풍부한 일차자료를 통하여 당시의 한의 변경사회를 생생하게 묘사하였다.

文化財研究所東京文化財研究所文化遺産國際協會センター 2007 『シルクロード-の壁畵-東西文化の交流を探る』言叢社

2006년에 개최한 실크로드의 벽화를 순회하는 심포지엄의 성과를 출판한 논문집이다. 발표와 강연의 내용을 논문형식으로 집성하였다. 제1장에서는 벽화미술과 그 교류사, 세2장에서는 벽화 제작기법의 파급, 제3장에서는 실크로드 주변지역에 걸친 벽화보존의 현상과 과제에 대해서 서술한다. 중앙아시아에서 중국, 한국, 일본에 이르는 지역에 분포하는 불교벽화를 대상으로, 문화재·자연과학적 시점에서 최신연구의 성과를 집성한다. 원색사진도 다수 게재되어 있어, 자료적으로도 가치가 있다.

히라야마 쿠니오실크로드미술관·고대오리엔트미술관平山郁夫 シルクロド -美術館·古代オリエント博物館 編 2007『シルクロド-カラス- 時空を越え た魅惑の輝き』山川出版社

실크로드를 서쪽에서 동쪽으로 전해진 유리의 분포를 시대를 따라 소개한다. 서아시아에서 중국에 이르는 대표적인 유리제품을 원색사진을 구사하여 게 재하고 있다. 또한 유리에 관한 역사연표와 지도, 문헌이 게재되어 있는 유 라시아사를 배우기 위한 입문서이다.

츠보노우치 사카오(坪內榮夫) 2007『シルクロド-と世界の樂器- 音樂文化 の東西交流史』現代書館

동아시아에서 유럽에 이르는 실크로드의 각지에서 발견되는 각 시대의 악 기를 종류별로 분류하여 각각의 계통과 확산루트를 설명한다. 악기는 견적 류(堅笛類), 횡적(橫笛)·금관류(金菅類), 다관악기류(多菅樂器類), 평금(平 琴)·견금류(堅琴類) 등에서부터 전주악기(電奏樂器)까지 예를 들고 있다.

R.C.forte（常塚聰 譯）2003『シルクロド-の宗敎- 古代から15世紀までの 通商と文化交流』敎文社

실크로드의 역사를 종교로 설명한다. 불교 제파, 조로아스터교, 크리스트교 제파, 마니교, 이슬람교 등의 실크로드에 걸쳐 있는 양태, 교류, 교환을 개관 한다. 종교사에 특화된 많은 책이라 할 수 있다.

고대오리엔트미술관古代オリエント博物館編 2002『シルクロド-響き ペ ルシア·敦煌·正倉院』山川出版社

서아시아에서 중앙아시아·중국에 걸쳐 보이는 고대의 악기 (복원을 포함)· 음악에 관련된 도상자료를 원색사진을 구사하여 나타낸다. 게다가 음악의 동서교류와 각지에 전개된 음악에 대해서 체계적으로 모았다. 또한 현재에 보이는 악기와의 관계, 일본의 쇼소인에 남아있는 악기와 아악과의 관계도 언급하고 있다.

나가사와 카즈토시(長澤和俊)·요코나가 카즈코(橫張和子) 2001 『絹の道 シルクロド-染織史』 講談社

실크로드의 어원(語源)인 견직물에 대해서 다각적으로 검토하여 체계적인 연구를 행한 유일한 단행본이다. 주로 한에서 당에 걸친 염직의 발달과 출토예의 소개, 이집트, 중앙아시아 각지에 성립된 비단의 해명을 목적으로 하고 있다. 자료의 나열에 끝나지 않고, 상세한 관찰과 기술론을 바탕으로 여러 문제에 접근한다.

논문집

실크로드조사연구소シルクロド-調査研究所編 2007 『中國シルクロド-の變遷』 雄山閣

21세기 COE 프로그램 「Research Center for Enhancing Local Cultures in Asia」의 연구 성과로 하여 출판된 논문집이다. 실크로드 연구에 실적이 있는 와세다대학의 실크로드 조사연구소의 활동에 관계된 11명이 집필하였다. 제1부의 서북시역의 문화, 제2부의 중원문화와 지역문화교류에서 생기는 다양한 실크로드의 양상이 묘사되었다.

코지마 켄지로우(児島健次郎)편 2005 『シルクロド-のロマンと文明の興亡』 雄山閣

일본, 중국, 인도, 카자흐스탄의 실크로드에 관한 여러 문제에 대하여 각 지역의 연구자가 논한 논문집이다. 내용에 약간 일관성의 부족한 면도 있지만, 불교에 관련되는 화제를 중심으로 다각적으로 서술하고 있다.

오카자키 타카시(岡崎敬) 1980 『增補 東西交涉の考古學』 平凡社

1973년에 출판된 『東西交涉の考古學』의 증보판이다. 실크로드에 관해서 수많은 선구적인 업적을 남긴 저자가 시간적·공간적으로도 넓은 시야에서 논한 논문집이다. 가운데에는 전문적인 내용뿐만 아니라 개설과 기행문도 게

재되어있다. 일본에서 실크로드 연구의 초석으로 자리잡은 책이다.

그외

히구치 타카야스(樋口隆康) 2007 『地中海シルクロド-遺蹟の旅行』日本放送
出版協會

시리아를 중심으로 한 지중해 동안지역의 도시와 유적을 여행기 풍으로 쉽
게 설명한다. 유적의 중심의 유구 단위로서의 설명과 박물관의 소개도 게재
되어 유적을 순회하는 여행에는 참고가 된다. 또한 원색 사진이 많아 사진집
으로도 즐길 수 있다.

NHK 신실크로드프로젝트新シルクロド-」プロゼェクト編 2005 『NHKスペ
シャル新シルクロド-』日本放送出版協會, 全5卷

NHK가 방송 개시 80주년을 기념으로 하여 2005년에 방송한 방송 프로그램
으로 전5권에 걸쳐 출판되었다. 실크로드의 중국 측을 테마 별로 정리하였
다. 특히 제1권의 소하묘(小河墓)유적의 발굴은 중국의 고고학계에서도 화
제가 된 중요한 조사로 발굴의 과정과 출토된 유물을 다큐멘터리식으로 전
한다. 또한 여러 곳에 삽입된 사진은 저명한 사진가에 의해 촬영된 것으로
사진집으로서도 가치도 있다.

에가미 나미오(江上波夫) 감수/ 스기야마 지로우(杉山二郎) 집필 1988 『シ
ルクロド-の殘映』講談社, 世界の大遺蹟 7

동쪽은 중국에서 서쪽은 투르크매니스탄((Turkmenistan)까지 실크로드에
산재하는 유적과 석굴을 원색 도판과 사진을 구사하여 설명한 대형본이다.
실크로드에 관한 여러 가지 항목이 해설로서 삽입되어 있어 기초적인 지식
을 얻을 수 있는 것과 함께 각 유적의 모양을 시각적으로 이해 할 수 있는 얻
기 힘든 책이다.

마츠오카 유즈루(松岡讓) 2003 『新版敦煌物語』平凡社

1937년에 발표된 초고(初稿) (1943년 간행)를 수정하여 출판되었다. 스타인, 페리오, 오오타니(大谷) 탐험대 등에 의한 서역탐험의 모습과, 막고굴(莫高窟)의 장경동(藏經洞)에서 발견된 돈황문서 쟁탈의 과정을 소설로서 기록하였다. 저자는 나츠메 소우세기(夏目漱石)의 제자로 서역에 직접 찾아간 적은 없지만 제2차세계대전 전의 일본에서 돈황 붐을 일으켰던 선구적인 책이다.

집필자

오카우치 미츠자네(岡內三眞) 1943年 출생, 고치현(高知縣) 출신
와세다대학(早稻田大學) 문학학술원(文學學術院) 명예교수, 실크로드 조사
연구소 소장
「中國の墓室繪畵かソグド系住民の生活」(『早稻田大學會津八一記念博物館
研究紀要』8, 2006年), 「中国トルパン出土五銖錢)」(『有光敎一先生寿記念論
叢』財團法人高麗美術館, 2006年), 『生態考古学からみた歷史の復元』(早稻
田大學, 2004年)

고토우 켄(後藤健) 1972年 출생, 도쿠시마현(德島縣) 출신
와세다대학(早稻田大學) 대학원 문학연구과(文學研究科) 조교
「新疆ウイグル自治區の地域文化の形成−天山山脈山麓地域を中心として」
(シルクロード調査研究所編 『アジア地域文化學叢書7中国シルクロードの變
遷』雄山閣,2007年), 稻畑耕一郎監修『圖說中國文明史 1 先史 文明の胎動』
(飜譯, 創元社, 2006年)

미야자토 오사무(宮里修) 1973年 출생, 아이치현(愛知縣) 출신
코우치대학(高知大學) 문학부(文學部) 준교수
「朝鮮式細形銅劍の成立過程再考」(シルクロード調査研究所編 『アジア地域文
化學叢書7中国シルクロードの變遷』雄山閣,2007年), 「無文土器時代의 集落
構成」(『韓國考古學報』第56輯,韓國考古學會,2005年), 「戰前の朝鮮における
石器時代の調査研究について」(『朝鮮史研究會論文集』第42輯,2004年)

츄우죠우 히데키(中條英樹) 1973年 출생, 도쿄도(東京都) 출신
와세다대학(早稻田大學) 문학학술원(文學 學術院) 강사, 센슈대학(專修大學) 문학부 강사
「馬具から見た新疆ウイグル自治區の文化交流-吐魯番盆地出土の鑣轡の製作技術的檢討を中心に」(シルクロード調査研究所編『アジア地域文化學叢書7中国シルクロードの變遷』雄山閣,2007年),「韓國·尙州新興里古墳群出土の鑣轡について-最近の東アジア出土鑣轡の研究動向から」(『專修考古学』12號, 專修大学考古学會, 2007年),「鐵製f字鏡板付轡の編年とその性格」(『帝京大學)山梨考古學研究所研究報告』第11輯, 2003年)

야마다 슌스케(山田後輔) 1975年 출생, 오카야마현(岡山縣) 출신
와세다대학 아이즈야이치기념박물관(早稻田大學會津八一記念博物館) 조수
「埴輪製作者の「民族誌」-保渡田八幡古墳を中心に」」(『埴輪研究會誌』11, 埴輪研究會, 2007年),「上方作系浮彫式獸帶鏡の基礎的研究」(『早稻田大學會津八一記念博物館研究紀要』7, 2006年),「古墳時代中期群集墓分析の新視角」(『考古學ジャーナル』528, ニュサイエンス社, 2005年)

키쿠치 유키코(菊地有希子) 1976年 출생, 효우고현(兵庫縣) 출신
와세다대학(早稻田大學) 문학학술원(文學學術院) 강사
「中国の卜骨とその伝播について」(シルクロード調査研究所編『アジア地域文化學叢書7中国シルクロードの變遷』雄山閣,2007年),「弥生時代の米收穫量について-復元水田における實驗考古學的研究」(共著,『古代』早稻田大學考古學會, 2007年),「荒天流域の住居形態と集落-北島遺蹟における住み分けの可能性について」(『埼玉の弥生時代』六一書房, 2007年)

요네자와 마사미(米澤雅美) 1978年 출생, 토쿄도(東京都) 출신
와세다대학(早稻田大學) 대학원 문학연구과(文學研究科) 박사후기과정, 카마쿠라시교육위원회생애학습부문화재과(鎌倉市敎育委員會生涯學習部文化財課)
「ホータン出土の彩色四神木棺からみた10世紀の中原と西域」(シルクロード調査研究所編『アジア地域文化學叢書7中国シルクロードの變遷』雄山閣, 2007年)「下毛野の中期大型古墳と古式群集墳」(『早稻田大學大學院文學研究科紀要』第51輯, 2006年)』

모치다 다이스케(持田大輔) 1979年 출생, 시마네현(島根縣) 출신
나라현립카시하라고고학연구소(奈良縣立疆原考古學研究所) 연구원
「トルパンにおける中原系墓制の傳播と變遷」(シルクロード調査研究所編『アジア地域文化學叢書7中国シルクロードの變遷』雄山閣, 2007年),「龍鳳文環頭大刀の日本列島内製作開始期と系譜」(『早稻田大學大學院文學研究科紀要』第52輯, 2007年),「倭裝大刀の裝飾化と半島系裝飾大刀の導人」(『古代武器研究』第7號, 古代武器研究會, 2006年)

쿠보타 신지(久保田愼二) 1979年 출생, 사이타마(埼玉縣) 출신
와세다대학(早稻田大學)대학원(大學院) 문학연구과(文學研究科) 박사후기과정, 일본학술진흥연구회연구원(日本學術振興會特別研究員)
「廟底溝文化成立試論」(『早稻田大學大學院文學研究科紀要』第53輯, 2008年), 王守功著「山東先史時代における墓葬の變化と階級差の形成」(飜譯, 『國學院大學21世紀COEプログラム2005年度考古學調査報告東アジアにおける新石器文化と日本Ⅲ』國學院大學21世紀COEプログラムセンター, 2006年),「中國新石器時代から靑銅器時代における爐から竈への變遷」(『歷史民俗』第3號, 早稻田大學第二文學部歷史・民俗專修, 2005年

야마모토 제임스(山本ジェームズ) 1981年 출생, 나라현(奈良縣) 출신
와세다대학(早稲田大學)대학원(大學院) 문학연구과(文學研究科) 박사후기과정
「畿內家形石棺からみた棺蓋短側邊突起の変化」(『早稲田大學大學院文學研究科紀要』第53輯, 2008年)

카와바타 하야토(川畑隼人) 1983年 출생, 후쿠오카현(福岡縣) 출신
와세다대학(早稲田大學)대학원(大學院) 문학연구과(文學研究科) 석사과정
「西周時代を中心とした鑾鈴の研究-型式の再檢討と分布論」『溯航』第25號, 早稲田大學大學院文學研究科考古談話會, 2007年),「黑海沿岸地域における竿頭飾の研究-構造に基づく分類の試み」(『史觀』第155冊, 早稲田大學史學會, 2006年), "Stone Heap No.9"(Preliminary Report of the Archaeological Investigations in Mongolia, 草原考古研究會, 2006)

쿠리야마 토모유키(栗山知之) 1983年 출생, 이바라키현(茨城縣) 출신
게이오기주쿠대학(慶応義塾大學) 대학원(大學院) 문학연구과(文學研究科) 석사과정 중국경관사中國景觀史 전공.

아베 메구미(阿部惠) 1984年 출생, 사이타마(埼玉縣) 출신
와세다대학(早稲田大學)대학원(大學院) 문학연구과(文學研究科) 석사과정
일본의 야요이(弥生)시대 전공.

아오키 히로시(青木弘) 1985年 출생, 카나가와현(神奈川縣) 출신
와세다대학(早稲田大學)제이문학부(第二文學部) 총합인문과(總合人文科)
고고학전수(考古學專修) 일본 코훈(古墳)시대 전공.
「終末期古墳の掘込地業について-武蔵地域內の事例から」(『金鈴』第24號, 早稲田大學考古學研究會, 2007年)

미우라 메구미(三浦惠) 1985年 출생, 사이타마(埼玉縣) 출신

와세다대학(早稻田大學)제이문학부(第二文學部) 총합인문과(總合人文科)

고고학전수(考古學專修)

「出土炭化材からみた神奈川縣地域における原始・古代の木材利用」(『金鈴』 第24號, 早稻田大學考古學研究會, 2007年)

도판목록

시대 구분표 (연표)

연대	지중해	서아시아	남아시[아]
BC2000		아카드 / 우르	
1500	미탄니	고대 바빌로니아	
1000	페니키아 / 힛타이트	앗시리아	
500	공화정로마	신바빌로니아 / 메니아	
400	마케도니아	아케메네스 왕조	
300			마우리아 왕조
200	프톨레마이오스 왕조	셀레우코스 왕조	
100		파르티아	
0			
AD100	제정로마		쿠샨 왕조
200			
300		사산 왕조	
400	훈 / 동로마		굽타 왕조
500	프랑크		

중앙아시아			동아시아	한반도	일본열도
			용산	빗살무늬토기문화	죠몬시대
			하		
			상		
스키타이	샤카		서주	무문토기문화	야요이시대
			춘추시대		
			전국시대		
박트리아			진		
대월지	차사국	흉노	전한		
		서흉노 / 동흉노	신	원삼국시대	
		북흉노 / 남흉노	후한		
		오손 / 선비	삼국		
			서진		
	고창군		오호십육국 / 동진		코훈시대
에프탈	고창국	유연	북조 / 남조	삼국시대	
		돌궐			

199

연대	지중해		서아시아		남아시아
	메로빙거	동로마	사산조		굽타
600					바르다나
			우마이아왕조		
700	카롤링거				
800					
900			압바스 왕조		라지푸트 왕조
1000		신성로마제국		셀주크 왕조	
1100					
1200			몽골		
1300			킵차크 한국	일한국	델리 · 술탄 왕조
1400					
1500			모스크바 대공국	오스만 제국	사파비 왕조	무굴제국
1600					
1700			로마노프 왕조		카자르 왕조
1800					
1900			소련	터키 공화국	이란	인도 파키스탄
			러시아연방			

중앙아시아				동아시아		한반도	일본 열도
에프탈	고창국	서돌궐	동돌궐	수		삼국시대	아스카
	위구르		발해	당		통일신라	나라
사만왕조			거란 (요)	오대십국		고려	헤이안
카라한왕조				북송			
카라·키타이			금		남송		
몽골							
차가타이 한국		오고타이 한국		원			가마쿠라
티무르 왕조	모굴리스탄 한국	오이라트	북원			조선	무로마치
사이바니 왕조	카슈가르 한국		명				마즈치 모모야마
부하라 한국		준가르					에도
			청				
소비에트 연방			몽골	중화민국		대한민국	근현대
카자흐스탄·우즈베키스탄 등				중화인민공화국			

201

카스피 해 아랄 해 바르하ㅅ

콘스탄티노플

카

로마 페르

사마르칸트

팔미라 페르세폴리스

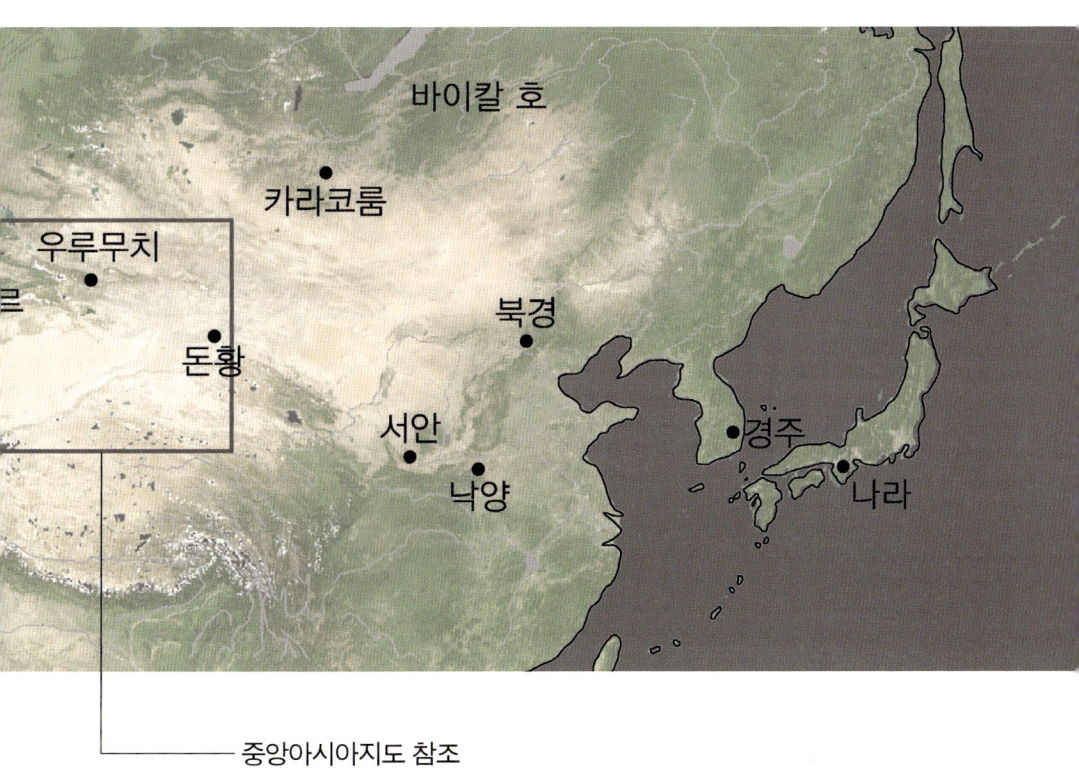

바이칼 호

카라코룸

우루무치

북경

돈황

서안

경주

낙양

나라

중앙아시아지도 참조

중앙아시아 지도

천산북로

이닝

알마티

천산산맥

천산남로(서역북도)

16 ○ ○ 15

○ 14

쿠차

파미르

아크스

타림강

23 ○   21 ○   ○ 20

카슈가르   ○ 22

호탄강

타클라마칸 사

야르칸드

타슈쿠르간

18 ○   17 ○

서역남도

호탄

민풍

19 ○

유적 일람표(지도 번호와 대응)

1. 옥문관	5. 달반성	9. 누란고성	13. 자군루크	17. 니야
2. 양관	6. 교하고성·야르토성	10. 소하요지	14. 라이스	18. 단단우일리
3. 동흑구	7. 고창고성·아스타나	11. 잉판	15. 수바시	19. 마리카와트
4. 우라노르	8. 철판강묘지	12. 미란	16. 키질석굴	20. 토쿠즈사라

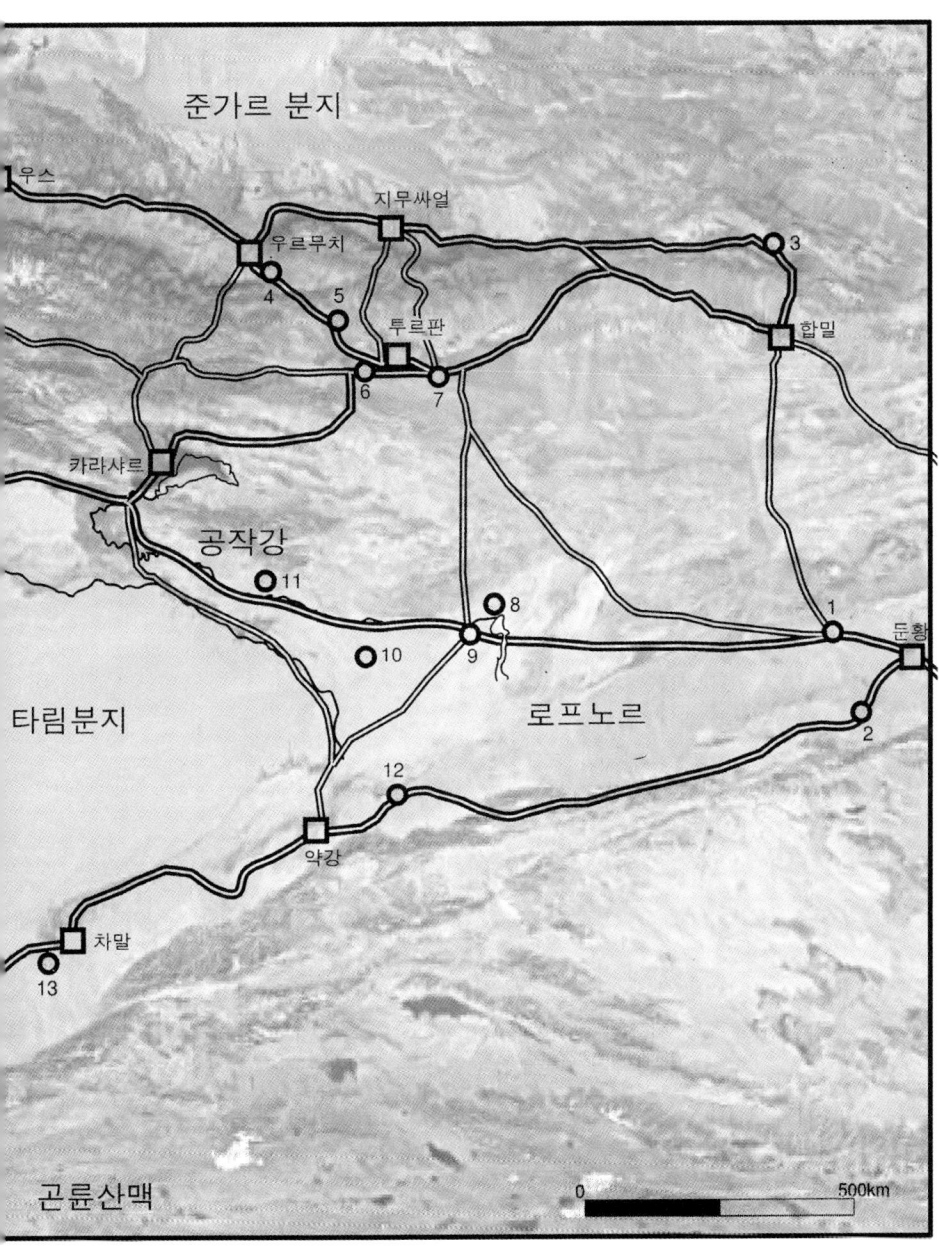

준가르 분지

우스

지무싸얼

우르무치

4

5

투르판

6

7

합밀

3

카라샤르

공작강

11

8

9

10

타림분지

로프노르

1

둔황

2

12

악강

차말

13

곤륜산맥

0   500km

이 책은 오카우치 미츠자네(岡內三眞)편, 2008,『シルクロ-ド考古學』, 東京, 早稻田大學文學學術院.의 번역서이다. 오카우치 미츠자네교수는 와세다대학 문학부 고고학연구실을 정년하고 명예교수로 활동하고 있다.

오카우치 미츠자네선생님과는 오사카대학 유학시절부터 집중강의를 들은 인연으로 와세다대학 연구실을 방문한 적이 있다. 작년 오랜만에 토쿄에서 선생님을 뵙고 번역서를 내고 싶다는 의향을 전달하였더니 흔쾌히 승낙해주셨다.

역자는 경북대학교 동북아시아 수업에서 학생들과 이 책을 같이 읽으면서 실크로드 고고학의 기초를 강의하였다.

이 책은 실크로드고고학 입문서로서 좋은 내용을 갖추고 있어 학생뿐만 아니라 일반 독자들에게도 권하고 싶었다. 그래서 원서는 단색 사진으로 간행되었으나 역서는 원색 사진으로 독자들의 눈을 즐겁게 하고자 노력하였다. 또한 원서에 없는 사진들을 역자가 촬영한 것을 중심으로 실어 설명적인 입문서가 되도록 하였다.

역자는 이제까지 고대한일관계사를 전공하였다. 그러다가 신라와 일본과의 관계에 관해 연구하던 중 나라현 쇼소인正倉院을 비롯한 알본열도의 서역문물의 이입 경로와 배경에 대한 연구를 하게 되면서 실크로드에 관심을 가지게 되었다.

2009년부터 권오영 교수를 대표로 한 한국연구재단의 공동연구로 실크로드 연구에 착수하였다. 그해 처음 가본 이란은 큰 충격이었다. 한반도와 직접적인 관계를 가진 사산소 페르시아의 유적과 유물이 특히 인상적이었다.

실크로드 연구를 개시하면서 연구 대상과 주제를 고민하였다. 선 세계 수많은 연구자가 관심을 기울이는 실크로드에서 과연 역자가 연구 가능한 분야와 주제가 무엇인지 고민을 거듭한 끝에 유리를 선택하였다. 원래 역자의 전공은 가야토기였다. 토기를 알기 위해서는 실측이 가장 유효한 방법임을 아는 역자는 미술사적·자연과학적 연구에 치중된 유리 연구를 극복할 수 있는 길은 고고학적 방법인 실측과 관찰밖에 없다고 생각하였다.

무엇보다 유리를 선택한 가장 큰 이유는 동아시아에서 유례를 찾아볼 수 없을 정도로 유리기가 다량 부당된 신라고분 때문이었다. 역자는 5세기를 중심으로 한 경주 대릉원고분군에 100점 이상의 로마, 사산조 페르시아 유리기가 부장되었다고 본다.

나아가 역자는 신라와 일본의 관계를 연구하면서 일본열도에 전래된 유리를 주목하였다. 5세기 일본의 왕릉인 모즈百舌鳥, 후루이치古市고분군에 다수의 신라를 경유한 유리기가 부장된 것을 추정할 수 있었다. 양 고분군의 유리기로 신라산 문물뿐만 아니라 서역산 문물도 신라를 경유한 것을 알 수 있으며 5세기 신라왕권과 왜왕권의 교섭을 상징하는 것으로 판단한다.

실크로드를 공부하면서 나이 50이 넘어 두 분의 스승을 만나게 되었다. 세계적인 유라시아연구자인 카토 규조加藤九祚선생님은 칠곡군 약목면 출신으로 삼년간의 짧은 기간이었지만, 선생님의 불굴의 학문 정신으로부터 받은 감화는 헤아릴 수가 없다. 세계적인 유리연구자인 요시미즈 츠네오由水常雄선생님으로부터는 유리의 기본부터 배울 수 있었다. 두 분과 함께한 2015년 경북대박물관의「실크로드와 신라 - 유리의 길 -」전시는 잊을 수 없는 추억이다.

카토 규조加藤九祚선생님은 우즈베키스탄 발굴현장에서 95세를 일기로 운명하셨다. 선생님은 한반도 문명의 젖줄인 칠곡군 약목면 양지마을 낙동강변에서 이구조로 태어나서 중앙아시아 문명의 젖줄인 아무달리아변 테르메즈에서 산화하셨다. 역자가 카토선생님의 강연제목으로 한「낙동강에서 아무달리아까지 - 카토규조 불굴의 인생과 학문 -」에 어울리는 삶이었다. 선생님의 명복을 빈다. 역자는 선생님께서 남기신 자료와 도서를 중심으로 한 실크로드 연구소 설립을 계획하고 있다. 선생님의 유지를 받들어 본격적인 실크로드의 연구 거점을 만들고 싶다.

역자는 서안西安에서 1년간의 연구를 계획하고 있다. 앞으로의 목표는 실크로드를 통한 유라시아 동서교류사이다. 그 본격적인 연구를 서안에서 첫

걸음을 딛고자 한다.

이 책의 간행에는 여러분들의 도움을 받았다.

먼저 번역을 허락해주신 오카우치 미츠자네岡內三眞선생님, 사진을 보내주신 모치다 다이스케持田大輔선생님께 감사드린다. 시리아 팔미라Palmyra의 사진을 제공해주신 카시하라고고학연구소의 스가야 후미노리菅谷文則소장님, 사이토 키요히데西藤清秀부소장님, 이노우에 치가라井上主税선생님께 감사드린다. 중국 신강新疆지역의 사진을 제공해주신 무라코시 미노루村越稔선생님께도 감사드린다.

좋은 사진을 제공해 주신 윤동진작가님과 오세윤작가님, 조윤재선생님께 감사드린다.

경북대학교 고고학연구실의 김규운선생, 임영재, 신상백, 정진, 장주탁군으로부터 도판과 원고의 교정에 정말로 많은 도움을 받았다.

마지막으로 이 책의 중요성을 인식하고 간행을 지원한 한국문화재연구원의 김경호원장님, 항상 좋은 책을 만들어주신 진인진의 김지인, 배원일선생님께 감사드린다.

2016년 9월 복현 동산에서
박천수